开国皇帝有话对你说系列

姜若木◎编著

上承纷争，下启盛世；励精图治，天下一统。
慢品隋文帝定鼎谋略；细述成功者强者人生。

盛世先导

杨坚

有话对你说

中国书籍出版社
China Book Press

图书在版编目（CIP）数据

盛世先导：杨坚有话对你说 / 姜若木 编著. —北京：中国书籍出版社，
2013.4（2021.6重印）

ISBN 978-7-5068-3418-6

Ⅰ.①盛… Ⅱ.①姜… Ⅲ.①杨坚（541~604）—人物研究 Ⅳ.①K827=41

中国版本图书馆CIP数据核字（2013）第065241号

盛世先导：杨坚有话对你说

姜若木　编著

责任编辑	张叶琳
责任印制	孙马飞　马　芝
封面设计	高　杨
出版发行	中国书籍出版社
地　　址	北京市丰台区三路居路97号（邮编：100073）
电　　话	（010）52257143（总编室）　　（010）52257153（发行部）
电子邮箱	chinabp@vip.sina.com
经　　销	全国新华书店
印　　刷	北京洲际印刷有限责任公司
开　　本	710毫米×1000毫米　1/16
印　　张	16.25
字　　数	210千字
版　　次	2013年6月第1版　　2021年6月第2次印刷
书　　号	ISBN 978-7-5068-3418-6
定　　价	49.80元

前言

提到杨坚，我们可能并不是太熟悉，甚至在普通人眼里，杨坚的名字都不如他那个荒淫的儿子杨广所广为人知，但是事实上，杨坚的功绩一点也不比其他的历代皇帝差，并且超越了许多皇帝。在西方人眼中，杨坚的功绩甚至直逼秦始皇，也成为了西方人眼中最伟大的皇帝之一。

公元581年隋朝建立，在杨坚的精心治理下，隋朝社会稳定、经济繁荣、文化发展、甲兵精锐。杨坚作为隋朝的开国皇帝，不仅统一中国，还使隋朝出现了强盛的局面。

杨坚的一生中，在夺得皇位之后，先后灭西凉，平南陈，定江南，收突厥，追亡逐北，将天下的割据势力一一消灭，结束了分裂局面，第一次实现了中国大范围内的多民族统一。

杨坚开创了后世百代传承的制度：他首次实行三省六部制，该种制度历代传承，一直延续到清朝。他开创科举制度，经过后世完善，沿用至封建社会结束，甚至影响到西方的教育制度。他制定了当时最为先进的《开皇律》，成为后世立法的规范。他建设大兴城，成为后代城市建设的标尺。秦始皇第一个提出皇帝一词，而杨坚，则为后世皇帝制定了规范。

杨坚推行改革，稳定民生，恢复生产，广建粮仓，社会经济得到了

极大的恢复和发展，人民生活水平提高，物质丰富，他实现了千古传颂的"开皇之治"。在隋朝之后出现的大唐盛世，甚至都在一定程度上源于隋文帝的积累。可以毫不夸张地说，杨坚开启了隋唐盛世之门。

后世有识之士对杨坚推崇备至，大文豪苏东坡曾称他："睿圣自天，英华独秀，刑法与礼仪同运，文德共武功俱远。爱万物其如己，任兆庶以为忧。手运玑衡，躬命将士，芟夷奸宄，刷荡氛昆，化通冠带，威震幽遐。虞舜之大功二十，未足相比，姬发之合位三五，岂可足论。"可见杨坚对后世的影响之深远。

杨坚作为一代开国皇帝，可以说是取得了辉煌的成就，然而历史却因为其子杨广的劣迹，而使得杨坚的光辉受到了损害。我们编写本书的目的，就是希望读者能够拨开历史的迷雾，抛开个人的偏见，重新审视杨坚。并通过对杨坚的了解，能够以史为鉴，学习杨坚的成功之道，吸收杨坚的成功经验，从而指导我们走向成功。

目 录

时代瞬息万变，任何没有坚定意志的人都是无法立足的，而要想立足，就应该做到老子所说的"道"。所谓"道"，从自身而言，就是要领悟人生真谛，否则就会导致我们在生活和工作中无限制的妥协和退让，心灵备受煎熬。在现实中，我们评价一个人的时候往往是从他是否成功这方面来评价，殊不知这是十分片面和狭隘的。其实，成功只能说明一个方面，即使失败了，只要找到导致失败的原因，总结经验教训并加以改正，必然会有新的收获。

第一章

杨坚对你说处世之道

目 录

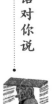

盛世先导

杨坚有话对你说

第二章

杨坚对你说用人

　　杰出的政治家和高超的领导者，一般都把用人看作是至关重要的大事，但在用人思想、用人出发点、用人方式方法、用人艺术等方面，却有着很大的差别，由此而带来的用人效果并对事业产生的影响，也就有着天壤之别。怎样才能解决好选人用人的问题，怎样才能把人选好用好，我们从杨坚的用人实践中都能找到明确的答案。

第三章

杨坚对你说竞争

　　竞争是人类社会的一种普遍现象，是一种有目的的行为过程。人的行为总是有一定的动机的，没有动机就不可能产生有目的的行动，可以说人类的历史就是一部竞争的历史。现代社会是一个高度竞争的社会，竞争在社会各个领域中是一种十分普遍的现象，从考场竞争到体育竞争，从经济竞争到政治、文化竞争，从国内竞争到国际竞争，竞争在我们的社会中可以说是无处不在，无时不在的。不管是管理者或是个人要想生活就必须学会竞争。接下来就让隋文帝杨坚告诉你在生存中的竞争之道。

管理是一门高深的艺术，任何经营成果的取得，都是在管理中应运而生的。为此，掌握管理的妙法，必将对企业的良好运作和稳步发展起到决定性的作用。文帝杨坚主政后，国家的繁华与昌盛可以说是和他的管理分不开的。因此，他的管理之道也值得如今企业经营者和管理者借鉴。

第四章

杨坚对你说管理

谋略是古老而永恒的话题。它源于战争、政治斗争，又关乎人类生活生存的点滴。所以，谋略以社会互动为前提，表现为社会属性；又以客观事物和客观规律为依据，表现为自然属性。谋略离不开人，谋略所反映的是人的思想意识和物质意识。谋略是人们在解决社会矛盾过程中，实现预期目的与效果的高超艺术。古往今来，谋略被应用于作战中，一些谋略技巧为后人所学习。文帝杨坚凭着过人的才智，高超的谋略技巧夺取大权统一全国，下面就看看他在管理过程中的谋略体现。

第五章

杨坚对你说谋略

目录

第六章

盛世先导

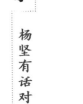

杨坚有话对你说

杨坚对你说创新

历史是在创造中前进的，没有创造，就没有前进。凡是有作为的领导者，在其任职期间都想有所建树，都想使自己所领导的事业有所创造，有所发展，有所前进。领导者的创意，必然要激发群众的创造性；领导者带给员工的新观念、新思想、新意识，会使社会或团体产生进步和发展的动力，鼓励他的员工朝着这个目标而奋斗，而努力。古代帝王杨坚就是这样一位具有远见卓识的创新者。

第一章

杨坚对你说 处世之道

时代瞬息万变，任何没有坚定意志的人都是无法立足的，而要想立足，就应该做到老子所说的"道"。所谓"道"，从自身而言，就是要领悟人生真谛，否则就会导致我们在生活和工作中无限制的妥协和退让，心灵备受煎熬。在现实中，我们评价一个人的时候往往是从他是否成功这方面来评价，殊不知这是十分片面和狭隘的。其实，成功只能说明一个方面，即使失败了，只要找到导致失败的原因，总结经验教训并加以改正，必然会有新的收获。

胸有大略，心有志向

在中国，何谓雄才大略？那就是见多识广，全面认识事物，经得起"折腾"，在粗俗的生活中能超凡脱俗，所以草莽中多出英雄。中国自古以来雄才大略的英雄辈出。

《隋书·高祖纪》结语称杨坚"外质木而内明敏，有大略"。这"有大略"三字，是隋文帝以及其他开国皇帝获得成功的重要主观条件之一。试想，如不具有雄才大略，怎能削平群雄而统一天下，又怎能为新兴王朝在制度上精心规划？隋文帝杨坚一生事迹表明，他确实是一位胸有大略的开国之君。

杨坚出身于关陇贵族世家，父亲杨忠在北周位至上柱国、大司空、随国公，他本人又"为人龙颜"，相貌非凡。这使得杨坚从小就养成了自命不凡而又内向的性格，史称他"深沉严重"，在太学读书期间，"虽至亲昵不敢狎也"。可见，少年时代的杨坚，是一个深沉庄重、颇有志向的贵族子弟。

杨坚14岁入仕，15岁因父亲勋劳受封为成纪县公，16岁迁骠骑将军、加开府。周太祖第一次见到杨坚时，曾因其相貌非凡而感叹说："此儿风骨，不似代间人！"周明帝宇文毓即皇帝位，授予杨坚小宫伯一职，因其相貌异于常人，派善于相面的赵昭为杨坚看相，赵昭在向周明帝汇报时欺骗他说："杨坚不过柱国耳。"在私下，赵昭却坚信自己为他人看相，无不灵验，因而对杨坚说："公当为天下君，必大诛杀而后定。善记鄙言。"

当时的贵族之家，对于相面先生所说的话是相信的，况且赵昭又是名家。周太祖的感叹，周明帝暗中派人为他相面，特别是南北朝时期屡见不鲜的篡夺帝位的事实，这一切使得杨坚在心中萌发了来日做天子的念头。况且周闵帝宇文觉篡位自立为帝，更是他杨坚亲眼所见！

北周颇有作为的皇帝周武帝宇文邕对杨坚颇为赏识，任命他为隋州刺史，进位大将军，但执政宇文护却屡次想要杀害杨坚。杨坚在父亲杨忠死后，袭爵随国公，周武帝聘杨坚长女为皇太子妃，礼遇日重。齐王宇文宪、内史王轨先后以杨坚"相貌非常"、"有反相"向周武帝进言，请求及早除掉杨坚，但周武帝未予理睬。这一切，使杨坚"甚惧，深自晦匿"。因惧怕被诛而行韬晦之计，将真相隐蔽起来，这从反面说明：伺机篡夺北周国家政权，已成为杨坚心中的自觉意图。宇文氏对杨坚的提防，对于杨坚这一自觉意图的形成在客观上起到了促进的作用。

周宣帝即位后，杨坚以皇后父亲的身份，地位与威望日隆，宣帝因猜忌想要杀害他，因被召见时杨坚"容色自若"，才免于祸难。

周宣帝死，杨坚以假黄钺、左大丞相身份总揽朝政，将李德林、高颎引入丞相府谋事，任用韦孝宽、梁睿、王谊平定了三边叛乱，以"禅让"的形式篡夺北周政权，自立为皇帝，建立隋王朝。

杨坚篡夺北周政权自立为帝的一系列事实表明，"有大略"不仅是对杨坚个人素质最为凝练的概括，也是他获得成功极为重要的主观条件。

第一章 杨坚对你说处世之道

　　杨坚的胸有大略，在他即皇帝位后有着更为充分的体现。诸如平定南陈策略的确定、统一中国大业的完成、强盛国家的一系列举措基本上都是从大局出发。

　　你的心胸有多大，你的境界就会有多大；你的志向有多大，你的世界就会有多大。如果不能打碎心中的四壁，你心灵的翅膀就舒展不开，即使给你一片广阔的天空，你也找不到自由的感觉。如果每天坐困愁城，躲在束缚里不想解脱，这是人生最大的懦弱，也是人的最大无知。如果心灵被紧紧束缚，你就觉得处处行不通。

　　杨坚也是一位有远大抱负的皇帝，他在建隋之初就有统一南北的愿望。陈太建十四年，即隋开皇二年（582年），陈宣帝死。杨坚派使臣去南陈吊唁，并给陈朝带去一封信。信的末尾署名是"大隋皇帝杨坚顿首"，这是敌国之间通信的礼仪。这说明杨坚把陈朝视为敌国，并决心将其灭掉。他还曾经对尚书仆射高颎说："我为百姓父母，岂可限一衣带水不拯之乎？"更加表明他统一天下的决心与志向。

　　在现代社会中，作为青少年的我们应有怎样的志向呢？在明确自己的志向之前首先要了解一下何谓"志向"？通俗来讲，所谓志向就是自己将来做什么，有什么切合实际的愿望，同时也可以说是自己的理想或目标。另外，志气也是志向的重要组成部分，拥有志气可以督促我们不断地追求上进、不断学习。在这个过程中还应该有自己的兴趣。无论何时，我们都应该有自己的目标或理想，正所谓"有志不在年高"，只有这样，在志向的鞭策下，我们才能够不断学习、努力进取、艰苦奋斗、敢于担当重任。从历代伟人的经历中我们可以得知，他们都在很小的时候就立下志向，如周恩来"为中华崛起而读书"。如果没有明确的志向，只会放低对自己的要求，更会变得慵懒甚至是毫无生气和活力。其实伟大主席毛泽东的事例就是我们在立志方面学习的榜样。他曾说过：真正的立志是要掌握真理，然后去实现真理，要认清社会发展的大趋势、客观规律，然后按客观规律去推动社会的前进。认清真理，坚持真理，去实现真理，这才叫真正的立志，叫做立大志。在艰苦的革命年代，为了实现建立新中国的志向，他与老一辈革命家历尽千辛万苦，不断学习、钻研和实践，最终使中国人民得到解放，成就了自己，铭记于人民心中。

关于立志，刘伯温有一段经典的话："夫志当存高远。慕先贤，绝情欲，弃凝滞；使庶几之志，揭然有所存，恻然有所感。忍屈伸，去细碎，广咨问，除嫌吝；虽有淹留，何损于美趣，何患于不济。若志不强毅，意不慷慨，徒碌碌滞于俗，默默束于情，永窜伏于凡庸，不免于下流矣！"

在树立自己远大的志向之后一定要坚定信念，相信自己一定会实现，否则就会被世俗社会腐化，高远志向不但没有实现，还会使自己成为一个低俗之人。

刘伯温的《郁离子》，值得一读。这是他修养成"高人"的经验之谈。他日理万机，无暇去论个人修养问题，只是百忙中抽空闲时间为子侄甥儿辈指点一二。没有废话，但说的全是要领。简单地说，全文有下列几个要点：志存高远，追效圣贤，绝欲弃滞，领受顿悟，忍去广除，志强恒毅，思念慷慨，出低拔俗，超脱下流。这不失为一套成功的仁人志士的修养经，很多地方透露出"超人"的观点。

鉴于此，刘伯温被朱升誉为"天下奇才"。

这个"奇"字，也不是空穴来风，而是除个人拼搏、努力、聪明、善于学习外，还有好的师承因素。他的优秀启蒙老师是庞德公、司马德操，军事老师为鄷公玖，而教他天文地理等的教师是当时脱离红尘的一代高人北极教主。如此才能正确解释刘伯温之所以成为"天下奇才"的真正奥秘所在。

有超人之志，方有超人之行，方求超人之师，方得超人之智，方成超人之才。言超人者，不过是超平常人之所行也。平常人，吃、喝、玩、乐、六欲七情缠身，八姨七姑宴请，酒肉宾朋满座，终日花天酒地，又岂能成才？欲做超人者，就要克制欲念，弃烟废酒，抓紧一切时间修身养性做学问。"通往成功勤和苦，修养品德俭与廉。"

据载，刘伯温在向北极教主学习天文地理呼风唤雨撒豆成兵的神学知识时，是颇费了一番苦心的。北极教主乃一代高人，平生所学，不轻易传授他人。虽有鄷公玖先生推荐，他也要对刘伯温进行严格考验。原因是我国古代教育，得先天知道被教育者的心性，然后决定弃取与因材施教。

刘伯温是如何做的呢？他先是长跪不起，表明其诚意。心诚则灵，北极教主稍为之动。接下来就是体能考验——采黄精。"惟刘伯温虽年小而所采最多。"

北极教主暗暗思忖道："此子可教。"于是，就把他留了下来。在北极教主那里，刘伯温付出了非常人所能及的刻苦努力，表现了异常优良朴实的品质与天才。如此才真正打动北极教主，决意教他成才，倾其所知，罄囊而教。有明师的指点，再加上个人的刻苦与天才条件，才能铸造出出类拔萃的人物来。刘伯温就是如此成才的。不经一番寒彻骨，怎得

杨坚像

梅花扑鼻香。十年树木，百年树人；十年磨一器，廿年磨一人。杰出人才之成，岂易事哉！

由此可见，刘伯温的《郁离子》，立意高远，开篇第一句"夫志当存高远"立即破题亮出观点。其后各句，都是至关重要的纲领条件，为成才所必要，其实都有具体内容在其内涵中。所以，我们可以说《郁离子》的思想内容含量是相当大的。这些高度概括的东西，是刘伯温结合自己的人生经历与古圣先贤的光辉经验，取其精华读书实践自然糅合而成的。

以孟子的观点来看，说话一定要懂礼貌讲道义，否则就是做不仁不义之事。很多人常常"自暴自弃"，他们安于现状、不思进取、不明事理，最终不仅得不到他人的帮助，更是走向毁灭。而还有很多"先天不足，后天努力"的例子。这些人虽然在生理上不如他人聪明，但却能在勤奋学习中努力成才，成为"人上人"，这样的人必然会走向成功。在这个过程中，其实起最主要作用的是自己的志向。

为什么很多人能有一番作为，有的人却不能？关于这一问题，刘伯温给出了这样的答案："有所作为的人往往是忠诚的人，以忠诚做事。在物欲横流、奸人和伪君子不断增多的社会中，很多人选择了随波逐流，即使不随波逐流，也必然是畏而远之，没有任何作为去改变社会。但那些忠诚的人置自己利益于不顾，而努力顾全他人、国家和民族的利

第一章 杨坚对你说处世之道

益，努力承担困难，想方设法改变现状，最终消灭恶人，使很多人转恶为良，平定打乱。"所以，忠诚也是一种大志。

总之，每个人都应该有自己的志向，并且还要有远大的志向。正所谓"有志者事竟成，破釜沉舟，百二秦关终属楚；苦心人天不负，卧薪尝胆，三千越甲可吞吴"。有志之士必定能成就大事。缺少志向的人，必定是碌碌无为的人。只有远大的志向，人们才能努力前行，不断超越自我。

发奋图强、持之以恒

任何想成功的人应该明白平时的勤奋努力和不断积累是特别重要的，它们是成功的基石，也是成功的保证。关于勤奋的重要性，我国著名的数学家华罗庚和现代著名文学家鲁迅都做过强调，如华罗庚的"聪明出于勤奋，天才在于积累"。是啊，"熟能生巧"，"读书百遍，其义自见"，"熟读唐诗三百首，不会作诗也会吟"，只要你肯付出努力，勤奋学习，任何难事都难不倒你。关于勤奋一词，我们并不陌生，大家都知道勤奋是应该的，但真正做到勤奋的人又有多少呢？从古至今，勤奋的人一般都有所成就，喜欢文学的人很多，但为什么文学家只有那些？这与勤奋密不可分，成为文学家的文学爱好者把几乎所有的时间都用来写作，而那些非文学家只是文学爱好者而已，他们把文学作为兴趣，并不是专业。其实这个道理对科学家、生物学家、书法家、艺术家……是通用的。韩愈说过：业精于勤荒于嬉，行成于思毁于随。所以学习成绩优异者必然是勤奋学习的典范。

书山有路勤为径，学海无涯苦作舟。只有勤奋努力、坚持不懈，才能在学习生活中有所建树。请坚信勤奋是成功之母！我们再来近距离看看隋文帝杨坚是如何成功的。

有人说：杨坚主政，不思苟安，也不尚虚夸。他是一个励精图治、笃功务实的皇帝。据《隋书》记载，杨坚"性严重，有威容，外质木而内明敏，有大略。"是说他性格严谨持重，外表朴实，甚至看起来有些呆愚，但内里却很聪明，思维敏捷，颇有谋略。为了国家的强盛，他"深思治术"。自开皇元年（581年）二月即位，至平陈前后，一连进行了多项改革：改定中央官制，并省地方州县，更定法律，创立科举制度，改革府兵制度，改革均田制度和赋役制度；又制定了一系列经济政策和文化政策，充分说明了这一点。

杨坚为政，非常勤苦。他"自强不息，朝夕孜孜"，"日旰忘食，思迈前王。他每天上朝，倾听奏议，批阅奏章，与臣下讨论政术，从早到晚，不知疲倦，甚至"夜分未寝"。乘车外出，路上遇到上表的人，就停下来亲自询问。他常亲录囚徒，巡视漕渠通水情况，察看稼谷生长情况，亲问民间疾苦。他还经常私下派人到各地采听风俗民情。对于吏治得失，民间疾苦，杨坚是非常留意的。

曾任西魏高唐令、大理正的公孙景茂在开皇初被杨坚征入朝内，被授予汝南太守一职。雍州新丰县令房恭懿善于政事，在三辅（指京兆、冯翊、扶风，辖境相当今陕西省中部地区）之内政绩最为显著，他引起杨坚的注意。在雍州境内各县令每月初一入朝拜见皇帝时，杨坚把房恭

懿叫到床前，向他询问治理人的方法。可以想象一下，一个皇帝竟然能与一个县令讨论政术，这证明了杨坚的礼贤下士。

看到杨坚治理国家如此辛劳，礼部尚书杨尚希在开皇六年（586年）曾进谏说："周文王以忧勤损寿，武王以安乐延年。愿陛下举大纲，责成宰辅。繁碎之务，非人主所宜亲也。"听杨尚希这么说，杨坚自然明白他是为自己好，但杨坚还是坚持自己的想法，一如既往。

对于杨坚的勤苦，治书侍御史柳彧也有过评论，并提出建议。柳彧说："陛下留心治道，无惮疲劳，亦由群官惧罪，不能自决，取判天旨。闻奏过多，乃至营造细小之事，出给轻微之物，一日之内，酬答百司，至乃日旰忘食，夜分未寝，动以文薄，忧劳圣躬。"他建议杨坚"若其经国大事，非臣下裁断者，伏愿详决。自余细务，责成所司"。

开皇六年，也就是公元586年，洛阳人高德上书，劝杨坚把自己立为太上皇，让皇太子继位，这对杨坚来说是大好事，但并不符合杨坚的心意。他说："朕承天命，抚育苍生，日旰孜孜，犹恐不逮。岂效近代帝王，传位于子，自求逸乐者哉！"可见，杨坚有着为政事鞠躬尽瘁的壮志。

隋开皇三年（583年）深秋的一个夜晚，皎洁的月光洒满了京城长安，习习的秋风吹进皇宫。皇宫中的仁寿殿此时灯火通明，隋文帝杨坚正在孜孜不倦地批阅奏章。他时而抬起头，若有所思；时而伏首案头，挥笔疾书。在他的身边静静地坐着一位气度不凡的女子，目不转睛地注视着杨坚，仿佛要为他分担太多太多的忧虑，显得那么关切、耐心、认真。原来，她就是独孤皇后。

突然，隋文帝像是被什么问题给难住了。只见他拿起一份奏章，慢慢地站起来，紧锁着双眉，在殿堂中间踱来踱去。独孤皇后看着他那发愁的样子，连忙关心地问："到底出了什么事？"隋文帝晃了晃手中的奏章，似乎自言自语又像是问皇后："京城仓库空虚，缺少粮食，怎么办？"独孤皇后沉思了一会儿，试探着问道："为何不在京城设置官仓，从全国各地调运粮食？"隋文帝听后，似乎恍然大悟，连连"哦"了几声，紧锁的双眉也舒展开了。第二天，杨坚立即下达了一道在京城建置官仓的诏书。

自从杨坚称帝以来，这样的夜晚不知有多少个了。由于诸事草创，政务繁忙，隋文帝常常处理国事到深夜。每当这时，独孤皇后总是恭敬耐心地陪伴着他。一些不好处理的问题，隋文帝常常征求皇后的意见。许多政事经过他们议论，往往不谋而合，所以杨坚对她既爱又怕。他们常常亲密无间，一个勤政，一个协力相助，和睦相处，宫内的侍从称他们为"二圣"。

天道酬勤。由于杨坚勤政，在开皇年间把国家治理得很有条理。"开皇之治"的出现与杨坚的励精图治是分不开的。平凡的脚步也可以走出伟大的行程。做一个勤奋又踏实的人并不难，难的是在这个过程中做出些成绩，多做一点别人不愿意干的事，多一点牺牲，多一点努力，这样才不是傻干，才能成为一个受人尊敬的人。很多人每当遇到困境，都难免怨天尤人。其实，这是完全没有必要的事情，因为抱怨和不满不能改变任何事情。只有一如既往的勤奋和努力才能减少这种境况的发生。很多人都认为别人的踏实和努力是很傻的行为，其实又为什么不深想一步，也许别人早就已经参透了这其间的真正得失，而自己却往往不

知呢？在评判别人的同时更应该做自我评判，这样的人才会获得更大的进步。

在现实生活中不乏这样的事例，有些人勤奋学习，通过自己的不懈努力走向成功，闯出了属于自己的一片天空。而有的人则会兢兢业业，但没有任何的私欲，如同心无杂念的"佛"，这是一种境界，更需要时间的磨练，要达到这种境界，最不应该缺乏的是努力和勤奋。

为了使自己在工作中有自己独特的优势，道格拉斯在进入现在所在的公司以前曾费时潜心研究如何以最便宜的成本买进货物，从而使公司赚钱。在得到一家公司的聘用机会后，作为采购部门的职员，他每天勤奋刻苦地工作，目的就是能找到便宜的原料供应商，为公司节约成本。虽然这并不需要什么专业的技术知识，但员工努力工作与否必然会关系公司的发展。在他工作期间为公司所作出的贡献是大家有目共睹的。在他29岁那年，当被指定采购公司定期使用的约1/3的产品时，他已经为公司节省了80万美元。当公司副总了解实情后，马上给道格拉斯加薪。持续不断的努力使道格拉斯得到了高级主管的赏识，所以在36岁时，他已经担任这家公司的副总，年薪超过10万美元。

虽然故事主人公的工作热情和业务不一定适合每个人，但他的敬业精神是值得我们学习的。所谓"敬业"，就是要尊重自己的工作，为自己的工作尽一百分的努力。在职场中，为什么要一再强调"敬业"的重要性？原因有两个方面，首先，敬业是对工作本身有个交代；其次，工作是我们的事业，我们做到踏实谨慎、认真负责是我们责任心和道德感的体现形式，这是最重要的。做到敬业，不仅可以体现自己的工作能力和工作态度，还可以给我们提供更多的机会。

公司中的很多员工都会有这样的想法：我们是为老板工作，好与坏的结果都应该由老板承担，与我们没有太大的关系，所以不用那么认真负责，干嘛把自己弄得那么辛苦，我们只需要让公司给我们好处就好了。表面上看，在公司混日子的确是很舒服，但仔细想一下，对员工自己是没有好处的。长此以往，这些员工在做其他的事情时连最基本的责任感也没有了，不仅没有真正学到知识，相反，还会使自己的人生滑坡。应该学到的经验他们没有学到，能力也必然得不到提高，所以想要升职加薪是很困难的，即使跳槽去其他公司，也必然面临同样的问题，所以对工作不负责相当于是让自己的前程尽毁。

在世界上不乏拼命工作的工作狂，他们生活简单，适应能力强，工作踏实。但大部分的人还是与他们有差别的，所以不断培养和践行自己的敬业精神是十分必要的。其实这对于正在学习的我们也是很受用的。如果你发现自己的工作态度和学习态度有问题，抓紧改正吧，这样你会得到更多的发展机会。

勤劳生活，敬业工作，或许不能立即为你带来可观的好处，但可以肯定的是，倘若你不具备这些，反而散漫、马虎、以不负责任的方式做事的话，结果不问自知。这样的人就不要奢望会成功了，能保住眼前的饭碗就已经不错。一个连自己都管理不好的人，如何谈发展？这不仅仅是对工作态度的批评，也是对人格的嘲讽。聪明、勤恳的人是不会给任何人这种批评和嘲讽自己的机会的，因为他们每一天都在努力，每一天都在守望着"第一"。

第一章 杨坚对你说处世之道

做人之源——仁爱

我们知道，儒家的核心思想和首要价值就是"仁爱"。"仁爱"被中国历代统治者重视，也是中华文化的最高道德原则。"仁爱"思想的主要目的是不断调节人类社会中的各种矛盾，使人与人和平相处，最终构建一个和谐社会。正是有如此博大的精神作为支撑，中华民族才不断地成长、壮大、走向繁荣并立足于世界民族之林。无论何时，国家实行"仁爱"统治能保证社会稳定，而个人坚持"仁爱"精神必定可以建立良好的人际关系，从而在各方面做出成就。

隋文帝杨坚的仁爱之心主要体现在体恤百姓上。

开皇四年九月己巳日，隋文帝下诏说："朕君临天下，深切思念治理国家的方法，以求使百姓感受教化，用'为政以德'来取代'为政以刑'，访求和表彰乡间邻里的善行。凡属民间的真伪实情，都想闻知。诏令派出的使者，所到之处，要赈恤受灾百姓。分道而行，将遍及四方，使令他们作为朕的耳目。如果具有文才武略，尚未被时人所知，则应当按照对待贤才的礼遇，派人迎至京师，朕将予以选拔录用。其中如有志向节操超越常人者，亦应派使前往加以表彰，使令他们的善良行为能够劝勉他人。凡属远近官府吏治，遐迩风俗人情，巨细均应记录，于归还之日向朕奏闻。以求近乎不出户庭，坐知万里。"这道诏书，道出了隋文帝派使巡省天下的任务和目的，即借此来了解地方上的官府吏治、风土人情、百姓疾苦，并为国家发现和选拔人才，表彰善人善事，施德政，兴教化，从而达到天下大治的目的。

开皇五年八月甲午日，隋文帝"遣十使巡省天下"。

仁寿元年（601年）六月乙卯日，隋文帝"遣十六使巡省风俗"。

至于隋文帝在位期间随时派使持节巡省地方、考察吏治、代表天子施行赏罚的事例更是多得不胜枚举。例如尚书虞部侍郎柳彧，因多次上书言事而受到赏识，隋文帝特命他"持节巡省河北五十二州"，他"奏免长吏赃污不称职者二百余人"，收到了"州县肃然，莫不震惧"（《隋书·柳彧传》）的良好效果。隋文帝嘉奖柳彧，赐给他绢布200匹、毡30领，拜仪同三司。一年过后，又加员外散骑常侍官衔，仍兼有原领职务。

柳彧请禁断正月十五的灯会，其主要理由，一是有伤于风化，二是"靡费财力"、"竭资破财"。其实，这种"实有由来"的民间节日，它的产生、存在是不以人们的意志为转移的。柳彧的描绘和评论，只能代表极少数的所谓"正统"士大夫们的观点和主张。隋文帝对于柳彧的奏请，"诏可其奏"，原因之一是"靡费财力"，同他的主张节俭相背离。可见，隋文帝确实是节俭风气的倡导者。在今日看来，柳彧奏章的主要价值，在于为我们留下了一条考察隋代风俗民情的宝贵史料。

开皇四年（584年）二月，隋文帝亲临陇州（治所在今陕西陇县）视察。同年四月，上大将军贺娄子干奉命出兵攻击吐谷浑，"杀男女万余口，二旬而还"。隋文帝对视察陇州的所闻所见，难忘于怀。因而在击退吐谷浑后，他鉴于陇西地区经常遭受吐谷浑的侵掠，而又未设置村坞

壁垒，因而命令贺娄子干"勒民为堡，仍营田积谷"，体现了他对陇西地区百姓的关怀。

同年五月，因为"渭水多沙，深浅不常"，所以漕运的民夫痛苦不堪，见此情形，隋文帝在六月，命令宇文恺率领水工凿渠300余里，这就是历史上著名的广通渠。

同年九月乙丑日，《隋书·高祖记》曾这样记载："幸霸水，观漕渠，赐督役者帛各有差。"同年九月甲戌日，接到"关中地区发生饥荒"的奏报，隋文帝亲临洛阳指挥工作。

开皇七年（587年）十月，隋文帝车驾临幸同州（治所在今陕西大荔）视察。十月癸亥日，隋文帝又临幸蒲州（治所在今山西永济县西蒲州）视察。

开皇十四年（594年），关中地区大旱，百姓饥饿。八月辛未日，隋文帝车驾东行，率百姓就食于洛阳。道路之上，隋文帝下令为皇帝车驾开路的先行人员，不得驱赶、逼迫路上逃荒的难民，逃难的男女老少与皇帝车驾的仪仗、侍卫掺杂前行。如果遇到有扶老携幼的，隋文帝便下马牵引而行，向年老者安慰劝勉，然后离去；路遇艰难险阻，见有负担重物的，隋文帝无不令左右侍卫人员扶助他们。隋文帝车驾出巡四方，在路上遇有向天子上表的人，便停马亲自临问，有时也派人暗自采听风俗，有关吏治得失、民间疾苦，无不留意察知。

开皇四年（584年），是杨坚登上帝位的第四个年头。

这一年，关西地区出现了少有的大旱。火红的太阳每天从东面升起，从西方落下。每到正当午时，它便把热滚滚的光芒射向人间，这时，世界便仿佛又回到传说中后羿还没将9个太阳射下来的时代。人们多么希望有一块云彩将它遮住，落下几滴雨来。于是，人们不知道杀了多少猪羊，乞求雨神光临人间，不知道烧了多少香火，乞求苍天赐一点甘霖。然而，太阳依然每天火辣辣地照着，雨神迟迟不肯光顾。

河干了，井枯了，田地里裂开了一道道大口子，百姓辛辛苦苦种下的禾苗还没长成便夭折在干巴巴的土中。这一年，关西灾区的粮食颗粒无收，饥饿困扰着没有隔年储备粮的灾民。

此刻皇宫中的隋文帝杨坚，尽管没有灼热阳光的烘烤，没有饥饿的煎熬，但不时传来的灾情，也使他坐卧不宁。他吩咐左右出去看看灾情严重到什么程度，看看那些灾民靠什么度日。不久，出外巡视的人回来了，带回来一些豆屑杂糠，并告诉他这是灾民赖以活命的食物。

杨坚见到这些，哭了。哭得涕泪纵横。

群臣见到这种情况，感动了，多么富有同情心的仁爱之主啊！

其实，杨坚的哭出于一种极为复杂的心态。他的眼泪有对灾民的同情，但更多的是委屈、焦虑。

他感到委屈。他当上皇帝刚刚四年，上天就降下这么大的灾难。他想起周静帝的禅位诏书中的一段话：

王受天命，叡德在躬，救颓运之艰，匡坠地之业，拯大川之溺，扑燎原之火，除群凶于城社，廓妖氛于远服，至德合于造化，神用洽于天壤。

如今，仅仅受天命四年，上天就这样和自己过不去，降下这么大灾难。自己的睿德何在？洽于天壤之神何在？他不由暗暗说道："天啊，为什么这么和我过不去？"

他感到焦虑。他登上帝位仅仅四年，根基未稳。他担心发生天灾—饥饿—饥民—动乱这一连串的连锁反应。他不由想起北魏末年的六镇起

第一章
杨坚对你说处世之道

义。它的直接起因，不正是六镇的军户及镇民饥饿无食吗？后来这些饥民被强送到河北"就食"。但河北诸州也连年遭受水旱之灾，"饥馑积年，户口逃散"，北镇饥民无食可就，又得不到朝廷的救济，走投无路，又引发了河北地区的起义。那时杨坚虽还未出生，但他的岳父独孤信等都曾亲身作为饥民而参加了六镇及河北的起义。这些事杨坚从他们那里听到过不止一次，对此他太熟悉了。

委屈归委屈，焦虑归焦虑。杨坚在天灾面前并不是无所作为，他下令撤去自己膳食中的酒肉，以此向上天谢罪，乞求上天免除对自己的惩罚。又下令严禁在关西地区酿酒卖酒，以避免过多地耗费粮食。同时，下令将关东地区的粮食运往关中，以接济这里的灾民。通过这一系列的措施，旱灾终于没有引起社会的动荡。

杨坚的仁爱之心也表现在刑法上。

史书曾多次记载他"亲录囚徒"，而亲录囚徒的主要目的在于了解全国断狱情况，即《隋书刑法志》所说的"帝又每季亲录囚徒，常以秋分之前，省阅诸州申奏罪状"。隋文帝于开皇三年敕令苏威、牛弘"更定新律"，除死罪81条，收到了"自是刑网简要，疏而不失"的效果，起因便在于"因览刑部奏，断狱数犹至万条，以为律尚严密，故人多陷罪"，因而下令更定新律。所谓"录囚"，即讯视记录囚徒的罪状，亦即审核对罪犯的审讯记录和判决等案卷文书。在封建时代，上一级司法官员或行政长官，对其下属官府的司法案卷，有审核的权利和义务；必要时还可以提审罪犯，其目的在于平反冤假错案。《汉书·隽不疑传》便记载了隽不疑任京兆尹期间，"每行县录囚徒还，其母辄问不疑：'有所平反，活几何人？'"隋文帝的"亲录囚徒"，其目的之一亦在于平反冤狱。据《隋书·高祖纪》记载：开皇二年五月乙酉日，"上亲省囚徒"；开皇二年十二月丁亥日，"上亲录囚徒"。

杨坚就是以这些仁爱的方式治理天下的，其实人应该做到"性本善"，只有这样，人才能生活舒适、幸福。所谓"仁爱"就是凡事要以人为本，追求人性关爱，坚持人道主义，把"仁爱"作为最重要的道德准则，更是正确、客观评价一个人的重要指标。所以，我们无论是在工作还是在学习中，一定要努力做到与他人和谐相处，"己所不欲，勿施于人"，给予他人更多的人性关爱，并以"己欲立而立人，己欲达而达人的"的态度帮助别人。

通俗来讲，"仁爱"可以被理解为一个人的良心。仁爱和良心在一定程度上又可以被高尚的道德品质和高度的社会责任感来替代。无论是仁爱还是良心对人所起的积极作用是不言而喻的，在良心的制约下，人可以对自己的道德行为负责，一旦意识到自己的错误，必然会深深自责，即使真的犯了错误，也必定会在心理的煎熬下加以改正。如果缺少了良心的谴责，那么人就可以为所欲为，整个社会就会被各种问题和矛盾所包围。所以，任何人一定要保证良知的存在。

"仁爱"同样也体现了社会风尚。没有"仁爱"，人们就会有感觉各种情感的缺失，特别是安全感、信任感、幸福感、尊严感的缺失。如今社会，物欲横流，各种令人恐惧和寒心的事情屡见不鲜，麻木不仁，恃强凌弱，见死不救，图财害命等。虽然这些事情并没有代替现在的主流价值和主流事件，但给人们造成了很大的心理阴影。如果追根溯源就是人性的缺失，仁爱的缺乏。美国前总统卡特在《美国道德危机》一书中说："一个国家之所以有权威和影响，是因为道德因素，而不是军事

第一章
杨坚对你说处世之道

实力。一个没有道德的国家很快就会失去它在全世界的影响。"的确，一个仁爱缺失的民族，怎么会有希望？所以，在我国社会主义现代化建设中，以仁爱为核心的儒学文化一定要得到大力弘扬，只有这样，才能不断增强民族认同感、自信心、自豪感，同时，中华民族的软实力也会不断强大。

只有做到"仁爱"，人与人、人与社会、人与自然才能和谐相处。在社会主义道德建设中，"仁爱"是基础，更是灵魂。从古至今，中华民族的文化建设总是围绕仁爱展开，并将其定为道德核心，这样做不仅是对国家和民族负责，更是对所有的中国人负责。所有对他人、社会、国家和自然充满仁爱之心，必定是一个高尚的人，一个纯洁的人，一个有道德的人，一个脱离了低级趣味的人，一个有益于人民的人。

在人类社会的发展过程中，很多问题和矛盾的出现都是因为"仁爱"的缺失。其实所有有人存在的地方的问题都可以用人性问题加以概括。例如环境污染、资源短缺、灾害频发都是人对自然不"仁爱"造成的，而贪污腐败问题是人对人、社会和国家不"仁爱"造成的。所以说，正如孟子所说"亲亲而仁民，仁民而爱物"，也就是人的仁爱精神不仅关乎其他人和国家，更关乎着人类赖以生存的自然界，因此，在当代生态文明建设中，一定要坚持以儒家的"仁爱"思想为指导。

"仁"对于人自身、社会而言都有重要的意义。对于人自己可以深化对人本质的认识，追求人文关怀；对于社会而言，可以促进人与人之间的和谐相处；对于我国而言，可以加强社会主义道德建设。因为中国坚持信仰马克思主义，所以马克思的思想和言论对我们影响非常大。马克思曾经说过："人的本质并不是单个人所固有的抽象物，在其现实性上，它是一切社会关系的总和。"只有把人的"仁"的问题解决了，整个社会乃至世界才会在和谐中不断前行和发展。

在现实生活中，仁爱是人类情感中很重要的一部分，所以要想与人和谐沟通就应该从爱出发。但爱并不是口头说说而已，它有着自己独特的表现形式，并且会因国家而异。例如，在中国，在春秋战国时期儒家思想提出的"仁爱"得到各代明君的重视，这里的"仁爱"不是仅仅指一个人对另一个人的爱，还包括着人对社会、国家和自然的爱，是博大的爱，而在西方则更为强调的是人道主义。在我国坚持"仁爱"，是对马克思主义人本理念的继承，体现了民族精神和时代精神的结合。

不仅生活中如此，任何技术的发明和发展也应该考虑人性。如科技发展日新月异，在给人类创造财富和精神娱乐的同时，也可能给人类带来灾难性的后果。现在的各种动物都可以被"克隆"、植物可以"转基因"、网站面临随时遭到"黑客"攻击的危险等都是科技的负面影响。所以科技的发展一定要与人道和人性相结合，否则最终的结果是人类被困在了自己设的圈套中，失去健康、幸福乃至生命，所以一定要铭记"仁爱"。

只有做到"仁爱"，人才能在日益激烈的竞争中立足，才能在多样化的文明中找到自己的位置，当人得到全面发展之后，整个社会也会进入一个新的时代。

第一章 杨坚对你说处世之道

节俭是一种美德

塞缪尔·斯迈尔斯说："正直的人厉行节约，注意细水长流，不会大手大脚。胡支滥花，他决不会沦落到打肿脸充胖子或借债度日的地步。"综观中国古代社会，是俭约朴素，还是奢靡浮华，与政治清明，百姓生计，国运兴衰密切相关。杨坚以史为鉴，懂得"俭以得国，奢以失国"的道理。为了隋朝的长治久安，杨坚厉行节俭政治。孔子曾经说过："其身正，不令而行；其身不正，虽令不从。"自古以来，上有所好，下必甚焉。皇帝俭朴与否，直接影响百官。戒奢从俭，杨坚首先从自己做起，他自俸甚薄，是中国历史上少见的节俭皇帝。

史称杨坚"居处服玩，务存节俭，令行禁止，上下化之"。杨坚规定，六宫妃嫔，穿过和洗过的旧衣服，都要再穿；外出所乘的车轿等物，尽量不作新的，有的地方破了，随时补一补再用。日常饮食，只要不是举行宴会，最多只有一个肉菜。开皇元年（581年）三月，他诏令"犬马、器玩、口味不得献上。"四月，禁杂乐百戏。有的官吏给他送干笋，用布袋装着，他认为太耗费，大加谴责。他去进香，有关部门官吏用毡袋装香料，他认为太靡费，竟然用竹板打了送香料的官吏，说是作为后戒。杨坚所穿的衣服，多是布帛所做，很少用绫罗绸缎。开皇十五年（595年），相州刺史豆卢通贡奉了一些绫文细布，杨坚命人在朝堂上当着群臣的面烧掉，以戒奢侈。

杨坚的节俭，还表现在后宫的清简，以及对后宫和皇子的约束上。

北周宣帝在位时，荒淫无度，皇后就有5位，贵人以下，更无定数。后宫衣饰粉黛耗费惊人。杨坚即位后，进行大幅度的变革，除皇后外，私宠很少。由于独孤皇后嫉妒心重，虚嫔妾之位，不设三妃，自嫔以下，置60员，只及隋炀帝时后宫120员之半。较之晋朝开国皇帝晋武帝司马炎后宫美女近万人，更显得清简了。独孤皇后限制了杨坚的荒淫，也节省了开支。

开皇十一年（591年），西疆吐谷浑主遣使至隋都，奉表称藩，请求接纳美女以备后庭。杨坚不允，他对吐谷浑使者说："朕情存安养，欲令遂性，岂可聚敛子女以实后宫乎？"

由于独孤皇后的嫉妒，不许杨坚的妃嫔美饰，进一步助成了后宫嫔妃的节俭。有一次，杨坚要配止痢药，需用一两胡粉，结果找遍宫中也没有找到；又有一次，他想找一条织成的衣领，宫中也没有。

杨坚经常教育他的儿子注意节俭。有一次，太子杨勇因为在一副蜀地（今四川）出产的铠甲上刻上花纹，就批评他奢侈。杨坚命人取出一些他穿过的旧衣服，留在杨勇那里随时观看，警戒他不要奢靡。又把他以前佩带过的一把刀子和杨勇当年任上士时常吃的酱菜一合，一并赐给杨勇，劝他不要忘记过去，可谓用心良苦。以后杨勇仍追求铺张，成为他被废黜的原因之一。

杨坚的第三子杨俊，也是因为奢侈不法，受到杨坚的严惩。

在开皇元年，也就是公元581年，杨俊被立为秦王。第二年，杨俊被授予上柱国、河南道行台尚书令、洛州刺史，加封右武卫大将军、领

第一章　杨坚对你说处世之道

关东兵，当时只有12岁。在开皇三年，也就是公元583年，做秦州总管。当时杨俊崇敬佛、道，想出家为僧，但在杨坚的坚决反对下，只好作罢。在开皇六年，也就是586年，迁山南道行台尚书令。在平陈战争中，任山南道行军元帅，督30州总管，屯兵汉口，为长江上流节度，立有战功。后授扬州总管44州诸军事，转并州总管24州诸军事。

隋文帝杨坚

在做官之初，杨俊名声很好，听到这个消息后，杨坚特别高兴，于是奖赏杨俊。但是皇子之身使杨俊变得越来越狂妄，不仅生活越来越奢侈，而且全然不顾法律禁忌。他让下属放高利贷以此来敲诈勒索百姓和小官吏。得知此事后，杨坚派人调查并逮捕杨俊手下100多人。但这并没有起到惩治杨俊的作用，他更加肆意妄为，奢靡生活程度更深。此事使杨坚甚是恼怒，于是下令罢免杨俊官职。

在杨俊得到如此惩罚之时，左武卫将军刘升为他说情。刘升说，"秦王也没有其他的过错，只是生活有点奢侈罢了，我觉得这是可以宽恕的。"杨坚说："法律制度是不能违背的。任何人都得遵守，否则就是虚设。"刘升还想劝说，但见杨坚彻底翻脸他只得作罢。

过了几天，大臣杨素又去劝说杨坚，企图使杨坚赦免杨俊。但杨坚仍然不肯，说："我有五个儿子，如果就如你所说赦免杨俊，那我如何去让其他儿子听我的话，连儿子都管不了，我怎么去治理天下？"杨坚仍然坚持"王子犯法与庶民同罪"，作为帝王，这是难能可贵的。

本来，杨俊因宠幸姬妾，遭其妃崔氏嫉妒，于瓜中放毒，使杨俊染病，征还京师。杨俊罢官以后，病情加重，卧床不起。杨俊抱病致书杨坚，表示认罪，请求宽恕。杨坚对送信的人说："我艰苦创业，都是为了子孙，希望他们守之而不失。他是我的儿子，却要断送杨家天下，叫我还有什么可说？"杨俊听后既惭愧又害怕，病情进一步加重。大都督皇甫统上表，请求杨坚宽赦杨俊，恢复原官职。杨坚心如铁石，不因杨俊重病而怜悯，仍然不许。

开皇二十年，也就是公元600年，六月，杨俊病死，当时仅30岁。听杨俊死了，杨坚只哭了几声就不哭了，并且命令把杨俊所有的奢侈之物都烧掉。另外，杨坚还下令入葬礼仪一切从简，这是为了警示来者。当时，杨俊手下僚佐请求杨坚为杨俊立碑，但杨坚严词回绝了，他说："如果想被后人记住，写入史书即可，还用得着立碑吗？如果后代不能保家卫国，立碑只是更具有讽刺意味罢了。"

这便是杨坚大义灭亲、严惩皇子杨俊奢侈不法的经过，足见杨坚实行节俭政治是比较坚决的。

杨坚俭约还表现为对民力比较爱惜。杨坚在位期间对民众征调比较少，注意减少扰民之举。

开皇九年（589年），隋灭陈以后，百官纷纷奏议，都要求杨坚举行封禅大礼。所谓封禅，古来有之。战国时齐、鲁有些儒士认为五岳中泰山最高，帝王应到泰山祭祀，登泰山筑坛祭天曰"封"，在山南梁父山上辟基祭地曰"禅"。目的在于宣扬封建帝王的天命攸归,欺骗人民大众。秦、汉以后常有帝王举行这种封禅大礼,耗费巨资,扰民不堪。杨坚头脑比较清醒,对百官奏议没有采纳。他于当年七月下诏说:"岂可命一将军,除一小国,遽迩注意,便谓太平。以薄德而封名山,用虚言而干上帝,非朕攸闻。而今以后,言及封禅,宜即禁绝。"杨坚说自己功德不大,不应封禅;实际上他是认为违背了节俭政治的原则。不管怎么说,"禁绝封禅"是值得称道的。

当年十一月,考使定州刺史豆卢通等人上表,又请杨坚封禅,杨坚不许。

后来,兖州刺史薛胄派遣博士登泰山,观古迹,撰成《封禅图》及仪礼献于杨坚,劝他封禅,杨坚依然不许。

开皇十四年(594年)晋王杨广率百官抗表,固请封禅。杨坚令牛弘定仪注,既成,杨坚认为"兹事体大",没有实行,改为东巡,致祭泰山。

由于杨坚躬履俭约,上行下效,积久成为风气。开皇、仁寿年间,士人的便服多用布帛制作,不用绫罗绸缎,饰带只用铜铁骨角,不用金玉。完全改变了两晋以来,士族权贵中盛行的争奇斗富、奢侈淫乐之风。

杨坚不但在物质生活上崇尚俭朴,在精神生活上,同样也抑黜浮华。开皇四年(584年),他接受了治书侍御史李谔的建议:

"魏之三祖,崇尚文词,遂成风俗。江左齐、梁,其弊弥甚:竞一韵之奇,争一字之巧;连篇累牍,不出月露之形,积案盈箱,唯是风云之状。世俗以之相高,朝廷以之擢士。以儒素为古拙,以词赋为君子。故其文日繁,其政日乱。良由弃大圣之规模,构无用以为用也。"

于是下令要求所有的奏章都必须符合实际，禁止浮夸艳丽。泗州刺史司马幼之因没有遵照命令，奏文华丽，被杨坚交付给有关部门治罪。不久，李谔又上书说："有些人企图凭借自己的功绩和地位谋求参与政治，无羞耻之心，请皇上明察，然后治罪并罢免他们，只有这样才能矫正社会的风气。"此奏文字里行间透着朴素、真实，所以隋文帝下令将李谔前后的奏章颁布天下，这对当时浮艳的文风以严重打击。

隋文帝杨坚似乎不好虚名，惟务实际。他不许封禅，以表彰自己的功德；他制订雅乐，以抑制淫靡之音。贺若弼撰写了《御授平陈七策》送给杨坚，他连看也不看，便说："公欲发扬我名，我不求名。公宜自载家传。"这一席颇为幽默而又语带讥讽的话，表现了杨坚不尚虚浮的性格。

杨坚虽然"素无学术，不达大体"，但他却能接受以文化教化天下的建议。

开皇三年，也就是公元583年，隋秘书监牛弘上奏说：官府收藏的典籍丧失情况严重，大多流失于民间。当时北周所存典籍，只有1万多卷。在平定北齐时所得到的典籍，除去与之前重复的以外，只增加了5000卷。皇上，如果您想更好地治理国家，汇集典籍是当务之急，这些典籍本来就是朝廷的财产，怎么能使它们长期流落在民间。所以，皇上您一定得下令，让这些民间收藏者献书，这样一来，国家的书库就会更加丰富。听他这么一说，杨坚觉得很有道理，于是下令在各地求购散落书籍，只要献一卷书，就赏一匹缣。

杨坚崇尚节俭、厌恶浮华的性格是他一生不平凡的经历影响而成的。他是在一次次激烈的政治斗争中拼搏取胜的幸运儿，能得天下是

第一章
杨坚对你说处世之道

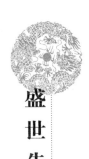

各种机遇的巧合。但是，杨坚本人也明白，无论是政治资本，还是威望，都是自己在一点一滴的积累中形成的。而节俭的作风，又是杨坚在积累中发现的治国良策。同时，我们应该理解，杨坚过于节俭以至于吝啬的性格，是因为饥荒和长期的战乱导致的。在他的意识中，永远是饥民的逃荒和亡国的威胁，似乎只有积财才能应付这些可怕的危机。

"俭以养廉"。杨坚实行节俭政治造就了一批廉洁的官吏。古人云："不受日廉，不污四洁"。"贵廉洁，贱贪污"，历来被看成是官箴的首要内容。杨坚对于清廉的官吏，一表彰，二赏赐，三升迁，使廉洁之士立身于朝，树为榜样，发挥更大作用，这是杨坚的贤明之处。

从杨坚的事迹不难看出，如果你养成了节俭的习惯，那么就意味着你具有控制自己欲望的能力，意味着你已经具有了独立自主、自力更生的能力。节俭是人生的导师。一个节俭的人勤于思考，也善于制定计划。

节俭作为一种优秀品质，需要长期坚守。古人云："俭，德之共也；侈，恶之大也。"从古至今，节俭得到了国家、社会乃至个人的高度重视。"历览前贤国与家，成由勤俭败由奢。"逻辑在任何时候都适用。学过历史的人都知道，任何朝代的兴盛与帝王的节俭都有很大的关系。任何国家建立之初，统治者一定要做到节俭，否则会立即被推翻。在贞观初年，唐太宗本想在洛阳建宫殿，可意识到天下刚被平定，还不稳定，如果修建宫殿的话必然会劳民伤财，引起人民的不满，所以打消了这个念头。而"戒奢从简"在唐太宗统治时期一直被执行。也正因为唐太宗如此节俭、后代帝王不断学习，才带来了唐朝的繁盛。所以，统治者节俭对于维护国家稳定是十分重要的。

随着经济不断发展、人民生活水平不断提高，人们的节俭意识也逐渐消失殆尽。很多人认为，现在跟过去不一样了，"新三年、旧三年、缝缝补补又三年"的时代已经过去了，物品过时了就应该扔掉，只有跟随潮流才能体现自己高质量的生活。同样，在物欲横流的世界中，自私狭隘之人越来越多，只强调自己享乐，置他人和后代于不顾，浪费资源、污染环境，其实，这些导致的恶果还是由人们自己承担。

古今中外，很多人都把节俭当成是评价一个人品质好坏的重要指标，并把节俭看成是高质量生活的表现。他们明白"成于俭，败于奢"，所以在子女教育上特别重视节俭教育，让他们明白"粒粒皆辛苦"。其实，在学校中，老师也经常教育我们生活中要节俭，不奢侈浪费，养成爱护粮食、节约粮食的好习惯。其实，我国的浪费现象还是非常严重的，无论是走进学校的食堂，还是路边的餐馆，亦或是高档餐厅，浪费随时可见。殊不知，节俭是我们永恒的财富。

爱默生曾说过："节俭是一生用不尽的美德。"其实生活中你的任何奢侈浪费的举动都不能说明你是有多么富有，而恰恰体现了你是一个庸俗、缺乏优秀素养之人。所以，一定要记住，节俭不仅可以体现你的道德素养，增加你的人格魅力，更重要的是可以使家庭、国家走向富裕并能保持长久富裕。

一提到节俭，我们首先想到的是节约用钱，其实不然，它包括很多方面。比如要合理利用时间，不要浪费时间；合理用电，节约用电；节约用水……所以无论做什么事情一定要以"简"为出发点。

第一章 杨坚对你说处世之道

广织"关系网"

　　从古至今，无论何朝何代，"关系"一直是一个人走向成功的重要因素。在人与人的交往中，只要是有点关系的人就是亲密的人，而一致去排斥与他们没有关系的人。而关系是什么？为什么关系如此重要？所谓关系，就是相关的人被联系到了一起，而在这个"关系网"中，大家可以互帮互助，达到自己的目的。

　　历史上的韬晦大抵可分两类。一类是给人以假象，而将真相隐瞒起来，在假象的掩护下干着秘密勾当，这类可归于阴谋诡计。另一类是尽量减少自己引人注意之处，力求在人们猜疑的视线外过一种平静安稳的生活，这类可视为自安之术。杨坚的自匿，不是在假象的掩护下去图谋帝位，此刻他还没有那种野心。也不是要使自己的政敌麻痹，以便进行突然袭击，因为从宇文护、宇文宪等人之死来看，都未曾与杨坚有任何瓜葛。杨坚的自匿，不过是借以求得自身安全的自安之术。

　　再看看杨坚的广交深结，友而不党。

　　广交、深结、友而不党，反映了杨坚与他人交往的特点。

　　杨坚交友之广，首先是范围广。在他的朋友圈子里，有各式各样的人。杨坚结交了不少名门望族。

　　李穆，陇西人，在杨坚辅政时被授予大左辅，并州总管。他的儿子李雅，被派往灵州镇守，以对付胡人，后被授为大将军，做荆州总管。李穆的侄子李崇，任左司武上大夫，加授上开府仪同大将军，后任怀州刺史。

梁睿，安定乌氏人，在杨坚辅政时被任命为益州总管。梁士彦也被任为亳州总管、二十四州诸军事。

韦谟，京兆人，因拥戴杨坚辅政，被升迁为上柱国，封为普安郡公。

皇甫绩，安定朝那人，因拥戴杨坚辅政，被加位上开府，转内史中大夫，进封郡公。不久又被拜为大将军。

柳裘，河东解人，因与韦谟、皇甫绩等人同谋，拥戴杨坚，被进位上开府，拜内史大夫，委以机密。

李谔，赵郡人，在周武帝平齐后入周，与杨坚交情很深。杨坚辅政后，器重李谔，很多事情都和李谔商定。

上述陇西李氏、安定梁氏、京兆韦氏、安定皇甫氏、河东柳氏、范阳卢氏、赵郡李氏都是关中或关东的名门望族，他们在杨坚辅政时，或被委以重任，或被视为心腹，可见关系的密切。

勋臣贵族是杨坚结交的又一类朋友。

于谨也是北魏的勋臣贵族，其家世代在北魏朝中作高官。于谨在西魏、北周初，在朝中有很高的威望和地位，北周初，曾给宇文护执政以很大的支持，但宇文护却深忌他的儿子于翼。在周武帝时，宇文护奏请转于翼为小司徒，加拜柱国，"虽外示崇重，实疏斥之"。也许是因为和杨坚有共同遭遇，于翼和杨坚的关系也很好。在杨坚辅政时，于翼被拜为大司徒、幽、定七州六镇诸军事、幽州总管。尉迟迥起兵反对杨坚，曾派人送信给于翼，联合他共同起事。于翼将送信人扣留，连

第一章 杨坚对你说处世之道

同信件一起送至杨坚处。杨坚大喜，赐于翼"杂缯一千五百段、粟麦一千五百石，并珍宝服玩等。进位上柱国，封任国公，增邑通前五千户，别食任城县一千户，收其租赋"。

西平乐都人源雄，其曾祖父源贺、祖源怀、父源纂，均为北魏勋臣。源雄在北周末任徐州总管。尉迟迥起兵反对杨坚辅政，当时源雄的家属正在尉迟迥管辖的相州。尉迟迥给源雄写信，要他与自己共同起兵，被源雄回绝。杨坚给源雄写信说："你的妻子儿女都在邺城，虽然暂时被尉迟迥扣留，但扫平相州后，你们全家就会团聚。你和家人的别离是暂时的，不要为此牵挂。徐州是个大郡，东南与南陈相接，须要保持安宁。我现依靠你的英名才略，将重任委付与你，希望你建立功名，莫负我望。"源雄接信后，派徐州刺史刘仁恩击败尉迟迥进犯的兵将。

豆卢勋本是慕容鲜卑，其祖父是北魏柔玄镇大将，父亲在西魏、北周时为柱国、太保。北周末，杨坚辅政，拜豆卢勋为利州总管、上大将军、柱国。豆卢勋的哥哥豆卢通，北周末任北徐州刺史。尉迟迥起兵，派遣大军进攻北徐州，豆卢通带兵迎击，打退尉迟迥军。杨坚进其位为大将军。

元谐是北魏皇室宗亲；家世累代贵盛。北周末杨坚辅政，元谐常在左右。尉迟迥起兵，派兵进攻小乡，杨坚令元谐带兵将其击退。元胄也是北魏皇族宗亲。杨坚辅政，将元胄引为心腹，长久宿卫左右，又常让他掌管宫内禁军。

贺楼子干是代北人，其祖父任北魏侍中、太子太傅。父亲在北魏任右卫大将军。贺楼子干在北周末杨坚辅政时任秦州刺史。尉迟迥起兵反对杨坚，进围怀州。贺楼子干与宇文述合兵击之，大获全胜。杨坚给贺楼子干写信说："尉迟迥进犯怀州，公受命诛讨之。听说你们获胜，我禁不住连声称赞。现在正是你们建功立业、争取富贵的时候，希望你们不要辜负我的希望。"

长孙览家也世居代北，在北魏朝世为勋贵。其祖父为魏太师、假黄铖、上党文宣王。其父在北周为小宗伯、上党郡公。杨坚辅政，长孙览任宜州刺史。

长孙平的父亲在北周也任柱国，长孙平在周朝任卫王宇文直侍读，参与助武帝诛杀宇文护，与杨坚情好甚密。杨坚辅政，对长孙平更加亲近。

上述两类人与杨坚的密切关系，都是在杨坚辅政准备代周时表现出来的。然而冰冻三尺，非一日之寒，他们在北周末动荡变幻的政治风云中，不是站在尉迟迥等人一边反对杨坚，而是给他以政治、军事等方面的支持，这正是杨坚平时与他们交结的结果。

在杨坚所结交的人中，还有一类是社会地位不高的人。

京兆泾阳人李圆通，其父李景是杨忠手下的一个军士。李景与家仆黑女私通，后黑女怀孕，生下李圆通。由于李圆通是私生子，李景不认，便给杨坚家当使人。杨坚年少时，对李圆通很重视，每次宴请宾客，都让李圆通监厨。李圆通办事严格，不徇私情，婢女仆人们都很怕他。有一次杨坚举行宴会，杨坚长子的乳母认为自己有宠，轻视李圆通，食品尚未给客人拿上去，乳母便要先吃。李圆通不答应，有一个人为讨好乳母，私自拿去送给她。李圆通知道后大怒，命令厨人将这个人按倒，痛打一顿。挨打之人的呼叫之声连宴会之处都能听到。宴会散后，杨坚问厨房为什么如此大呼小叫，李圆通如实禀报。杨坚听后，立

第一章 杨坚对你说处世之道

刻嘉奖他，命坐赐食，认为他可以担当大任，从此对他更好了。

京兆长安人来和，自幼学习相术，北周初即被宇文护引为左右，出入公卿之门。来和虽被宇文护所重，但并未依附于他。自周武帝天和三年（568年），开始与杨坚往来甚密。由于宇文宪、王轨等人屡言杨坚相貌异常，周武帝几次问来和，来和都说杨坚是守节忠臣，使武帝打消了对杨坚的疑心，保护了杨坚的安全。除来和外，道士张宾、焦子顺、董子华三人也善道术，杨坚在辅政以前就和他们关系密切。

杨坚所交往的第四类人，就是那些被人视为小人的轻狡奸佞之徒。

博陵望都人刘昉，性轻狡，有奸数。周武帝时，以功臣之子被召入宫内侍奉皇太子宇文赟。刘昉善于阿谀奉承，投皇太子之所好，深受皇太子宠爱。后宇文赟登帝位，刘昉以技佞见狎，出入宫掖，宠冠一时。当时刘昉、郑译、王端、于智等皆为宇文赟近臣，宇文赟对他们言听计从，宠信无比。他们一句好话，可使人平步青云，飞黄腾达；一句谗言，可使人免官罢职，身遭诛戮。刘昉见杨坚举止不凡，又是皇后之父，对杨坚很好。杨坚见刘昉受宠，对皇帝影响很大，与之交好，则多一个护身符，便不拒绝刘昉的结交之意。

荥阳开封人郑译，本出自世家大族。郑译的从祖郑文宽与宇文泰是连襟。郑文宽无子，宇文泰便让郑译过继给郑文宽，因此受到宇文泰的厚爱，经常让他与自己的儿子们来往相处。宇文泰的儿子宇文邕登位，（即周武帝），郑译为银青光禄大夫、左侍上士，与刘昉一起侍奉于皇帝左右。周武帝诛杀宇文护后，郑译又被任为太子宫尹，辅佐皇太子。郑译虽出身大族，为人处事却缺少大家风范。他任皇太子辅佐，皇太子屡有失德之举，他不但不匡正，反而推波助澜，皇太子的过失被王轨等人告发，郑译也因此受到处罚。他不但不引为教训，反而对王轨等人怀恨在心。皇太子亲政后，他便协同皇太子诛杀了王轨等人。郑译曾求京兆郡丞乐运为他办一件私事，被乐运拒绝。从此，郑译便对乐运怀恨在心。皇太子即位后，郑译恃宠专权，擅自取用公家建筑材料为自己营建私宅。史书上评价他"性轻险，不亲职务，而赃货狼籍"。尽管郑译名声不好，但杨坚却与他一直友好。周宣帝宇文赟忌恨杨坚，并扬言要杀掉杨坚全家。杨坚心怀恐惧，找到郑译，对他说："我早就想离开宫中到地方上去做官，这你是知道的。希望你留心为我找个离开的机会。"郑译当下表示愿意帮助。恰巧周宣帝要派郑译南征，郑译推辞说自己才疏德浅，非有才高名重的元帅不行。宣帝问："你的意见谁可为元帅？"郑译乘机说："如果要平定江东，若不是皇帝重臣不能胜任。可让隋公（指杨坚）担当。"周宣帝当即应允，下诏以杨坚为扬州总管，与郑译会于寿阳以伐陈。这件事反映出杨坚与郑译的关系。

在与杨坚交往的各类人中，还有一些是对立政治集团的成员。

北周的柱国、大司马贺兰祥与宇文护有特殊关系。贺兰祥的父亲贺兰初真，是宇文泰的姐姐建安长公主的丈夫。建安长公主是宇文护的姨妈，所以，宇文护与贺兰祥为中表兄弟。贺兰祥自幼丧母，长于舅氏之家，与宇文护等表兄弟一起上学，一起玩耍。教他们的老师姓成，对学生管教极严。宇文护、贺兰祥和其他两个兄弟淘气，设计了一场恶作剧，将成先生害得好苦。后来，被家长们知道，各自将孩子痛打一顿，只有贺兰祥没有母亲，免于挨打。后来，宇文泰在关中起兵，将宇文护、贺兰祥等人接到长安。几十年后，宇文护的母亲在给宇文护的信中还充满深情地提起这段往事。后来，宇文护执政，由于和贺兰祥的亲密

关系，凡是军国大事，全都引他共同参谋。在诛杀赵贵、废黜孝闵帝等重大政治活动中，贺兰祥都立了大功。可见贺兰祥是宇文护集团中的重要成员。但贺兰祥与杨坚却一直关系很好。史书记载："隋文帝与祥（即贺兰祥）有旧，开皇初，追赠上柱国。"

杨坚与贺兰祥有什么样的旧情呢？是不是在宇文护执政的日子里，贺兰祥出于友情帮助杨坚免于猜忌之难呢？史书上没有详细记载，也不好妄加猜测。但宇文护集团中另一个成员侯万寿保护杨坚之事在史书上则有明确记载。

侯万寿与侯龙恩是亲兄弟。侯氏在西魏初被赐姓侯伏侯氏，所以史书上有些也称他侯伏侯万寿，或侯伏侯寿。宇文护执政的时候，侯龙恩与侯万寿深被信用。宇文护诛杀赵贵后，一时闹得朝中人人自危。侯龙恩的从兄侯植曾对他说："现在主上年纪幼小，朝中旧臣的团结与否关系到朝廷的安危。旧臣老将结成唇齿之谊，还不能完全保证平安无虞，更何况互相仇视自相夷灭呢？如果晋公（指宇文护）再这样下去，会使天下之人与之离心。你既然深被信任，为什么不进一言呢？"侯龙恩兄弟并未听从侯植的劝告。公元572年，周武帝诛杀宇文护，又下诏说：

我即帝位以来，已有13年了。13年以来，一直是冢宰辅政。而冢宰宇文护目无君长，行违臣节，心怀恶毒，狼性大发。任情诛杀，肆行威福，朋党相扇，贿货公行，喜欢的人就加以美化，厌恶的人便横加残害。我的很多施政意图，都被他所抑制而不得实行。于是天下户口削减，征赋劳剧，家家贫穷，民不聊生。如今天下尚未统一，东有高齐，南有陈朝，正需加强武备。而侯伏侯龙恩、侯伏侯万寿、刘勇等人，未立军功，先居上将之位。家中高门峻宇，甲第雕墙，实为同恶相济的党徒。如今，我已肃正刑典，诛除首恶，其余凶党，亦皆伏法。从此维新朝政，与民更始。从周武帝诏书可以看出，侯万寿为宇文护集团中的成员之一。而这个被宇文护所信用，最后成为宇文护殉葬者的人，对杨坚却很好。史书上记载说："宇文护执政，尤忌高祖（指杨坚），屡将害焉，大将军侯伏侯寿等匡护得免。"

上述杨坚所交往的人中，有世家大族，有勋臣权贵，有庶人寒门，有轻狡之辈，甚至还有敌对集团中的成员，这反映出杨坚交友范围之广。

杨坚交友之广，还表现在交友途径的多种多样。

利用父亲杨忠的关系，是杨坚交友的一种方式。如太原人郭荣，是郭徽的儿子。郭徽在西魏末任同州司马，而当时杨坚父杨忠任同州刺史，是郭徽的上司。因这层关系，不但郭徽与杨坚交好，其子郭荣更是与之亲狎，情契极欢。

利用姻亲关系，是杨坚交友的又一种方式。杨坚是独孤信的女婿，仅这层婚姻关系，就使杨坚的交友得到极大便利。如渤海人高宾，在西魏大统六年（540年）背离东魏归降，大司马独孤信深爱之，引为僚佐。后独孤信被杀，高宾为避嫌忌，在家种竹植树、修舍建屋，以示无意于朋党之争。后来，全家被徙往蜀地（今四川）。杨坚之妻独孤氏，因高宾是父之故吏，常常到他家看望。这样，杨坚便与高家结为友好。后来，高宾的儿子高颎，在杨坚辅政乃至称帝后，为他竭诚尽智，立下汗马功劳。除了与独孤氏姻亲外，杨坚还通过儿女婚姻结交了不少人。北周旧臣王谊，功高名重。杨坚将自己的第五女嫁给王谊之子王奉孝，与王谊结成儿女亲家。北魏宗室元孝矩，北周时任益州总管司马，转司宪

第一章　杨坚对你说处世之道

大夫。杨坚重其门第，便娶其女为长子杨勇之妻。陇西狄道人李礼成，北周时被封为冠军县公，任北徐州刺史、民部中大夫。李礼成的妻子死后，杨坚将自己的妹妹嫁给他，李礼成也与杨坚情契甚密。

利用同窗之谊，是杨坚交友的第三种方式。杨坚年少时曾被送入太学。当时的太学是西魏宇文泰办的中央级的学府，进入太学学习的多为皇族子弟和勋臣之后。因此杨坚在太学中结识了不少人。郑译自小被宇文泰所亲，让他和自己儿子们朝夕相处，也曾被送入太学。《隋书·郑译传》载："高祖（指杨坚）与译（指郑译）有同学之旧，译又素知高祖相表有奇，倾心相结。"王谊之父任凤州刺史，因此也被送进太学。杨坚曾说过："王谊在周时与我同窗共读，因此相亲相好。"可见王谊与杨坚也是同学。元谐与北魏皇帝同宗，世代贵盛，"少与高祖（指杨坚）同受业于国子，甚相友爱"。博陵安平人崔仲方，"少好读书，有文武才干。年十五，周太祖（指宇文泰）见而异之，令与诸子同就学。时高祖（指杨坚）亦在其中，由是与高祖少相款密"。可见杨坚在太学期间结交了不少人，并长时间保持着亲密关系。

在杨坚所结交的各类朋友中，有些是交往很深，无所顾忌的。榆林人庞晃，北周时为骠骑将军，袭爵比阳侯。卫王宇文直镇守襄州的时候，庞晃亦随从之。当时杨坚被任为随州刺史，在上任途经襄阳时，结识了庞晃。庞晃深知杨坚异于常人，深自结纳。后来杨坚离任回京，庞晃在襄邑迎接他。二人相聚，无所不谈。庞晃兴头所致，竟对杨坚说："我看您相貌非常，必至大贵。将来登上帝位，不要忘了我。"杨坚任定州总管时，庞晃任常山太守。定州、常山都在今河北境内，两地相距不远，所以二人经常往来。后来，杨坚被改任亳州总管，认为这是朝廷不信任自己，便对庞晃表示了内心的愤闷。庞晃对杨坚说："我们现在所领，乃是天下精兵，如果兴兵起事，天下唾手可得。"庞晃所说的话，在当时是犯了朝廷大忌，若泄露出去，都会招致杀头灭门之祸。如果不是与杨坚交情深笃，这些话是绝对不能轻易出口的。

友而不党，是杨坚与人交结的又一特点。杨坚交友，主要目的是为了在猜忌、争斗、倾轧的政治风云中求得自身的安全。从这个意义上说，少一个朋友，就少一层保护，多一个敌人，就多一分危险。这就使杨坚以最大的努力，寻求最广泛的结交。但杨坚所结交的这些人，只是与杨坚本人为友，而他们之间因种种不同而不可能交结很深。这就决定了他们只是一个以杨坚为中心的、松散的朋友群，而不是一个利益攸关、共荣共枯的政治集团。

杨坚的朋友元谐曾对他说："您现在无党无援，就像立在大水中的一堵墙，迟早要被冲塌。这太危险了。"

元谐只说对了一部分。

杨坚确实无党，然而无党不见得危险，有党不见得安全。宇文护结党，最后终落得被杀的结果；宇文直结党，最后也不免身亡的下场。杨坚无党，不受别人注意，不受别人诛连，反而可以避过一次次政治风浪的冲击，比别人更安全些。

杨坚确实无党，然而无党不见得无援。当他面临宇文护迫害时，当他因相貌受猜疑时，当他受宣帝威胁时，都有朋友从各个方面给了他巨大的帮助。

杨坚在北周时，所处的政治环境是险恶的，然而，也是这种环境成就了他。为了在这种环境中安身立命，他采取韬光匿迹，广交深结等手

第一章

杨坚对你说处世之道

039

段为自己构筑了一道由朋友组成的保护层。这些人在杨坚尚无政治野心时是一个松散的朋友群,在杨坚想在政治上有所作为时,便成了支持他的强大势力。

由此,我们不难看出,一个成功的人肯定是一个有着很大关系网的人。作为成功的商人,他一定会想方设法认识更多的人,以拓展自己的业务范围。认识更多的人之后,商品市场也必然会扩大。而那些不擅长与陌生人打交道的人是很难在商业界立足的,所以为了自己的事业,一定要广交人才,建立为自己带来便利的关系网。

讲究孝道与仁道

古人云:"鸦有反哺之义,羊有跪乳之恩"。所以,作为人类的我们更应该对父母有感恩之心,孝敬父母,因为这是我们的责任和义务,更是中华民族的传统美德。孝道体现在各个方面,如在家庭中,要赡养照顾父母,在社会中,要尊重老人,报效国家。

隋文帝杨坚不但身体力行孝道,而且将其用于国家的管理中。杨坚的孝道可以从和睦邻邦吐谷浑中看出。《隋书·西域·吐谷浑传》:"吐谷浑本是辽西鲜卑徒河涉归的子孙。当初,涉归有二子,庶长子曰吐谷浑,少子曰若洛廆。涉归死后,若洛廆代为统领部落,是为慕容氏。吐谷浑与若洛廆不合,于是西度陇山,止于甘松以南,洮水以西,南至白兰山,地有数千里之广,据有今青海、新疆南部,其后代遂以吐谷浑为国氏焉。"吐谷浑内的人民，都是羌族。在北魏、北周时，首领始称可汗，建都在青海湖西岸15里处（今青海湖西岸布哈河河口附近）的伏俟城。当时人们大都逐水草而居，过着游牧生活。国中的城邑和官职与中国相同，并且无常税。《北史·吐谷浑传》曾记载：风俗与突厥相类似，"杀人及盗马者死，余坐则征物以赎罪"，国中"司马、博士皆用儒生"，"衣服略同于华夏。"这些可以看出，吐谷浑与汉族关系密切，并且在制度和文化上受到了汉代的影响。

南北朝时，吐谷浑同南北均有通商往来，北魏正始、正光年间，"牦牛、蜀马及西南之珍，无岁不至"（同上）。吐谷浑的农作物有大麦、粟、豆，多产牦牛、铙铜、铁、朱砂，其特产"青海骢"为名马，能日行千里。东魏静帝曾娶吐谷浑王夸吕（或作吕夸）的妹妹为嫔妃。由于周、齐交争，各自争取与国，因此，北周和吐谷浑虽有往来，也时常有战事发生。

开皇初年，吐谷浑曾出兵入侵弘州，隋文帝因弘州地广人稀，因而废弘州设置，派上柱国元谐率步骑兵数万人出击吐谷浑。吐谷浑王吕夸征发国中的全部士兵，自曼头至于树敦，甲士骑兵络绎不绝。吕夸所署河西总管、定城王钟利房及其太子可博汗，率兵前来拒战，接连被元谐击败，俘虏斩首甚多。吕夸大为恐惧，率领自己的亲兵远逃。吕夸部下的"名王"13人，各自率领自己的部落向隋军投降。隋文帝因为高宁王移兹衰平素很得人心，拜为大将军，封河王，令他统领投降的部众，其部下也给予不等的赏赐。不久，吕夸又前来入寇边境。旭州刺史皮子信出兵抵拒，被吕夸击败，皮子信战死。汶州总管梁远率精兵出击，斩首千余级，吕夸逃奔而还。不久，吕夸率众人寇廓州（今青海贵德南），被州兵击败逃走。

吕夸在位多年，屡屡因喜怒无常，"废其太子而杀之"。后来，所立太子惧怕被废辱，便谋划拘执吕夸向隋朝投降，向隋朝边境的官吏请求援兵。秦州总管、河间王杨弘请求率兵应援，隋文帝又是不予允许。吐谷浑太子的阴谋泄露，被其父吕夸所杀，又立少子崽王诃为太子。叠州刺史杜粲请乘吐谷浑内乱而出兵征讨，隋文帝又是不予允许。

开皇六年（586年），崽王诃惧怕被父王吕夸诛杀，谋划率部落1.5万人投奔隋朝，请求派兵迎接。为此，隋文帝对左右大臣说：

"吐谷浑的风俗，有异于常人的伦理，父既不慈，子复不孝。朕以德训人，怎能成就崽王诃的恶逆，我当用做人的正道教导他。"

于是，隋文帝对崽王诃派来的使者说：

"朕受命于天，抚育四海，希望使所有的人都能向往仁义。况且父子之间的情感，本出于天性，何得不相亲相爱！吐谷浑既是崽王的父亲，崽王是吐谷浑王的太子。父亲有所不是，做儿子的需进行劝谏。如果劝谏而不听从，应当令近臣亲戚从内外用委婉的话进行劝说。若是再不听从，便哭泣着进行劝谏。人都是有感情的，如此定能使父亲感动省悟。不可暗中谋划非法的事，落得个不孝的名声。普天之下，都是朕的臣民，都能各自多做善事，朕也就称心如意了。崽王既然是一片好意，想要来投奔朕，朕唯有教崽王为臣子之道，不可能向远方派出兵马，助他人做恶逆的事。"

崽王听到使者的回报后，便中止了投奔隋朝的谋划。

开皇八年，吐谷浑的名王拓拔木弥请求率千余家归顺隋朝。为此，隋文帝对臣下说：

"普天之下，皆为朕臣，虽地处荒远，不知晓风化教诲。朕的抚育，都是以仁孝为本。浑王昏狂，他的妻子都想要归顺，自救于危亡。然而，背叛丈夫、父亲，不可收纳。察其本意，本是避死，如果拒不接纳，又属不仁；如果更有意信，只应安抚劝慰，任其自行逃离，不须出兵马接应他们。拓拔木弥的妹夫及外甥想要前来，也是任凭他们自己拿定主意，不得进行劝诱……"

隋文帝的仁孝为本的治国之道不但感化了群臣，而且也和睦了邻邦。可见孝道是做人之基，更是治国之本。

从古至今，例行孝道的名人不胜枚举。三皇五帝的虞朝帝王舜本来只是一个普通平民，他的父亲是个顽固、不礼貌的瞎子。舜母早逝，父亲再娶，后母常常会有恶行，认为舜是个累赘，所以建议父亲把舜杀掉。后母又给他生了个弟弟，叫象，做事傲慢无礼而且欺负舜。虽然如此，舜仍然很孝顺，关心弟弟，即使象陷害他，舜也不怨恨，并承担所有的劳动。如此善行或许感动了老天，每当他下地的时候，各种动物会来帮他。到20岁的时候，舜的事迹名扬周边，到30岁的时候，被四岳一齐推荐为当时的领袖帝尧的接班人。当时为了考察舜，帝尧嫁女给舜，又命九个儿子和他一起工作，从中了解舜的为人。舜结婚后，对妻子的要求是孝敬公婆，关心弟弟，不能因高贵出身而破坏家庭规矩。舜也严格要求尧的九个儿子教育他们做事惇厚谨慎，事事心存尊敬。舜在历山种地时能够做到和气谦让，所以感染了周围人，大家都能做到相互忍让，和谐相处。在雷泽钓鱼时，舜也影响了周围的人，大家和和气气。在河边铸造陶器，舜仔细认真的态度让那些马虎的人感到惭愧，所以也学着做得详细。如此端正的品行使大家都尊敬他，并愿意接近他，与他

第一章 杨坚对你说处世之道

交往。所以周围人慢慢增多，从村落变成了邑，最后成了都。这使舜得到了尧的赏识，并赏赐他。这遭到了父亲、继母和弟弟的嫉妒，一心想陷害舜，将赏物占为己有。所以多次设计但没有把他害死。一次，父亲让舜去清洁粮仓上的盖子，然后纵火烧死他，但妻子娥皇和女英却早已经准备好竹竿，使他能如张开翅膀的小鸟一样一跃而下，幸免于难。见没有害死舜，他的父亲、继母和弟弟又设计陷害，但在妻子的帮助下舜最终还是没有死。对于这一切，舜心知肚明，但从来没有因为这些事情而记恨家人，照样孝顺父母，与弟弟友爱。经过长时间的考察，帝尧觉得舜的确是一个品德高尚而且能担当重任的有能之士，所以必然能号召更多的人为他服务，从而使他治理的地方呈现出一派和谐的景象，所以决定把帝位传给舜。这就是历史上著名的禅让。舜之所以能够从一介布衣变成帝王，最主要的原因是他行孝道。在吕纯阳师尊的《吕祖全书》所介绍的七十二位忠神、三十六位孝神、另五位忠孝神，合共一百一十三位中，虞舜帝排于第一位，被描述为"旋转乾坤，纯忠纯孝，揖让大德神圣，有虞大舜帝，无极至尊"，受到极大的尊敬。所以，这给我们的启示是非常大的。

在生活中，我们不仅要做到孝，还要劝别人行孝。孔子名丘，字仲尼，是周朝春秋鲁国人，他的父亲叔梁纥，是一个文人，而母亲颜徵，是叔梁纥的第二夫人。在孔子3岁的时候，他的父亲去世了，所以孔子由母亲颜氏自己抚养。孔子从小聪明过人，而且非常孝顺母亲。为了仲尼的将来，颜氏把当时有名的学者都请来教导仲尼。在母亲和严师的共同教育下，仲尼读遍当时所有的书籍。他的道德和学术修养也不断提高。所以在年轻时，他已经小有名望。后来，孔子在鲁国教学，宣扬仁爱之道，学术多达3000人，取得重大成就的有72人。在教书过程中，他言传身教，并且教学方法是因人而异。他把"不学礼，无以立"的思想贯穿教学的始终。为了能把仁爱精神传递下去，孔子还大量著书论说。

在中国《二十四孝》中，古人有各种表现自己孝道的方式。其中有子尝父粪以诊病、为养活老母而埋掉儿子、为继母患病想吃鲤鱼在河上裸体融冰以捉鲤鱼、为父安睡而脱光衣服让蚊子叮咬……

在进入21世纪后，孝道需要得到人们的重新重视。很多人认为，所谓"孝"就是经济独立，自立自强，殊不知，这是无法将孝道阐述详尽的。其实真正的孝道不仅在于不索取，但更在于子女乐于奉献。很多人在成家立业后，仅仅是照顾自己的"小家"，而把父母遗忘，甚至可能遗弃老人。其实在这样做的同时也会给自己的子女造成恶劣影响，他们会向你们"学习"，也许，你父母的今天就是你们的明天，最终会恶性循环。所以一定要身体力行，做到孝敬父母。

上辈养育下辈，下辈反哺上辈，是人类社会的基本法则。每个人都会老去，但到了颐养天年的年龄，人们更期望的是能与子女团聚，享受天伦之乐。给予他们精神的慰藉远远比物质满足更来得有用。现在的年轻人上有老、下有小，更重要的是工作繁忙，竞争激烈，在父母照顾方面仅仅是给予钱财，但这是远远不够的，在给予父母好的物质生活条件的同时，还要使他们精神愉悦。

如何才能准确地理解孝道？其实孝顺并不是一味地听取，在长辈教育自己时要从心理上认识到他们是出于好意，是真心实意地关心我们，但也要明白他们的观念有的已经过时或与现在的事实不符，我们应耐心说服，但不能生硬顶撞甚至辱骂。对于代沟，我们应正确看待，并试着

第一章

杨坚对你说处世之道

去消除。

孝道是亘古不变的道德规范，"孝道"的地位究竟是怎么样的呢？古人说"百善孝为先"，可见古人对孝的重视。但究竟做才是真正孝顺呢？正所谓"仁者见仁，智者见智"，有的人认为所谓孝就是对父母无条件地绝对服从，其实这有失偏颇，因为人无完人，每个人都有可能犯错，父母也不例外，在父母做错时，我们应帮助他们改正，使他们不断进步，这也是孝的表现；而有的人认为孝就是"善于奉养父母"，"给予父母物质上的满足，给父母的东西越多、越贵重，就是越孝顺"，这种理解也是片面的。其实，只有能够做到"不仅满足物质需求，还能使其精神愉悦"才真正做到了孝。

友善比攻击更有力量

法国作家拉·封丹写过这样一则寓言：有一天，北风和南风在争论谁更有力量。北风说："当然是我，你看路上那些穿着外套的行人，我打赌可以比你更快地使他们把外套脱下来。"说着，北风首先来一阵冷风，凛冽刺骨，结果行人为了抵御北风的侵袭，便把大衣裹得紧紧的。南风则徐徐吹动，顿时风和日丽，行人因为觉得身上温暖，便解开纽扣，继而脱掉大衣，南风获得了胜利。

这则寓言告诉我们：温暖胜于严寒。我们为人处世，用专制、强暴的手段，对解决问题往往无济于事，有时可能还适得其反，只有用宽容、温和的态度来对待一切，采用正确的方法，才能把事情办好。

声名远播的律师丹妮尔·韦波斯特被许多人奉若神明。他那极具权威的辩论始终充满了温和的字眼，让人记忆深刻、回味无穷。在他的辩论中经常出现这样的词句："这有待陪审团加以斟酌"、"这也许值得再深思"、"这里有些事实，相信您没有忘掉"等。没有威胁、没有高压手段、没有强硬的言辞，也没有攻击人的论调，韦波斯特用的都是最柔和、冷静、友善的处理方式，但却不失其权威性，而这正是他成功的基石。

杨坚在处理邻国关系中就表现了友善的一面。

靺鞨地处高丽以北，邑落各有酋长，不相统一，共有粟末部、伯咄部、安车骨部、拂涅部、黑水部、白山部，而黑水部尤为劲健，即古代的肃慎氏，居住多依山水。开皇初年，靺鞨相继派使者向隋天子贡献，隋文帝诏令靺鞨使者说："朕闻听你们那里的土著居民多能勇敢敏捷，今睹前来相见，实与朕意相符。朕视你等如子，你等应敬朕如父。"

使臣答对说："臣等地处偏僻一方，道路遥远，闻知中国有圣人，所以前来朝拜。既已承蒙慰劳赏赐，有幸亲见圣上尊颜，心中不胜欢喜，愿长久得为奴仆。"

靺鞨国北与契丹相接壤，经常相互劫掠。后来，靺鞨来使至京，隋文帝告诫使者说：

"我对于契丹的怜爱和思念，与对你等没有差异，应各守自己的领土边境，如此岂不安乐？为什么动辄相互攻击，很是违背我意！"

使者向隋文帝谢罪，文帝因而慰劳使者，令他宴饮于殿前。使者乘着酒兴，与一同前来的同伴离席起舞，多是表现战斗的场面。隋文帝观

看靺鞨使者等人舞蹈，回首对侍臣们说："天地间乃有此物，常作用兵意，何其甚也！"

靺鞨与隋朝相距遥远，惟有粟末部、白山部距隋朝较近。

契丹的祖先与库莫奚异种而同类，居于黄龙（今吉林省农安县），其风俗与靺鞨很类似，好为寇盗。北魏时期，靺鞨遭受高丽的侵掠，部落中有万余人请求归附隋朝，止于白貔河。后来又遭受突厥的逼迫，又有万余家寄居高丽。

开皇四年（584年），靺鞨的莫贺弗部来长安拜见隋文帝。开皇五年，莫贺弗部众归顺隋朝，隋文帝予以接纳，听任他们居住于故地。后来，契丹内部的诸部之间相互攻击，久而不止，同时又与突厥相互侵夺。隋文帝派使臣对契丹内部的相互攻战予以谴责，契丹派使臣至长安叩头谢罪。后来，契丹的别部出伏等背叛高丽，率部众归顺隋朝，隋文帝予以接纳，安置在谒奚那颉的北面。开皇末年，其别部4000余家背离突厥前来向隋朝投降。当时，隋文帝刚刚同突厥和好，以不失远人之心为重，给予他们粮食，令他们还归故地，并敕令突厥安抚接纳前来归降的契丹别部。然而，契丹别部坚持不肯离去。部落逐渐众多，于是逐水草北徙，当辽西正北200余里，依托纥臣水而居。东西500里，南北300里，分为10部。各部兵多者3000人，少者千余人。

靺鞨、契丹是居于我国东北地区的民族，于隋文帝在位期间臣属于隋王朝，隋文帝对他们亦采取友好政策，对于他们内部各部之间的攻伐予以谴责，劝他们同突厥友好相处，主张靺鞨与契丹之间实行睦邻政策。隋文帝的这一政策对于安定隋王朝边境、密切隋王朝同靺鞨、契丹的经济文化联系，无疑都起到了积极的作用。

北周时期，高丽国王汤曾派使臣朝贡，周武帝宇文邕拜汤为上开府、辽东郡公、辽东王。隋文帝即位后，高丽王汤派使臣至长安，隋文帝进授汤为大将军，改封高丽王。

据《隋书·东夷·高丽传》记载，高丽国东西2000里，南北千余里，国都平壤，亦曰长安城。城东西6里，随山而筑，南临贝水（今朝鲜大同江）。又有国内城、汉城，与平壤并列为都会，国人称为"三京"。高丽与南方的邻国新罗，经常相互侵夺，战争不息。

开皇初年，高丽王频频派使者入朝。待到平定南陈之后，隋朝国势日强，高丽王汤大为恐惧，在国内整治兵器军械，积蓄粮草，作据险守城的准备。

开皇十七年（597年），隋文帝闻知高丽王"治兵积谷，为守拒之策"，特赐给高丽王长篇玺书一封，书中指责高丽王："虽称藩附，诚节未尽"；"修理兵器，意欲不臧"；"数遣马骑，杀害边人，屡骋奸谋，动作邪说，心实不宾"。同时，晓谕高丽王："王若无罪，朕忽加兵，自余藩国谓朕何也！王必虚心纳朕此意，慎勿疑惑，更怀异图。"玺书的结尾，隋文帝以南陈的覆亡警告高丽王："王谓辽水之广何如长江？高丽之人多少陈国？朕若不存含育，责王前愆，命一将军，何待多力！殷勤晓示，许王自新耳。"

事实上，隋文帝在平定南陈后，国势日强，对于高丽王的"治兵积谷"是不能坐视不理的。他的大臣们也有向高丽用兵的意图，即所谓"开皇之末，国家殷盛，朝野皆以辽东为意"。（《隋书·刘炫传》）不过，隋文帝对于高丽，如同他对待突厥、吐谷浑一样，不主张轻易用兵，更不肯首先用兵，而是采用晓谕和威慑的政策，谋求边

第一章 杨坚对你说处世之道

境上的安宁。

隋文帝的一道玺书，有指责，有晓谕，但结尾却是严正警告。高丽王汤得书后不由得诚惶诚恐，将要奉表陈述并向隋文帝谢罪，适逢患病而死。

汤的儿子元继承高丽王位，隋文帝奉行对高丽的一贯政策，向高丽派出使臣，拜高丽王元为上开府、仪同三司，袭爵辽东郡，赐衣服一套。元奉表向隋文帝谢恩，并以祥瑞向隋天子祝贺，乘机请求受封为王。隋文帝特予以优待，册封元为高丽王。

开皇十八年（598年），高丽王元率领靺鞨族万余名骑兵入寇辽西，被营州总管韦冲击退。隋文帝得知此事后大怒，任命汉王杨谅为元帅，总领水陆兵马进军讨伐，下诏令废除高丽王元的爵位。当时，由于粮草供给不继，六军给养缺乏，隋军师出山海关，又遇到疾疫，士气不振。待到隋军进驻辽河，高丽王元也感到恐惶惊惧，派使臣向隋文帝谢罪，在上表中自称"辽东粪土臣元"。于是，隋文帝下令罢兵，待之一如当初，高丽王元也每年派使臣向隋天子朝贡。

百济国的祖先，出自高丽国，汉代时已成为朝鲜半岛上的强国之一。隋开皇初年，百济王余昌派使臣向隋贡献特产，隋文帝拜余昌为上开府、带方郡公、百济王。

百济国东西450里，南北900余里，南接新罗，北距高丽，其都城曰居拔城。官分文武，有16品，居民为新罗人、百济人、汉人和日本人。"俗尚骑射，读书史，能吏事，亦知医药、蓍龟、占相之术"，"有僧尼，多寺塔"，行南朝宋的《元嘉历》法，以建寅月为岁首。国中大姓有8族。"婚娶之礼，略同于华，丧制如高丽。"可见，百济国的文化较为发达，受中国影响较大。

隋文帝平定南陈的那一年，有一战船漂流至海东射牟罗国。该船在归还途中，经过百济国，国王余昌资送很丰盛，并派使臣奉表祝贺平定南陈。隋文帝为此很高兴，下诏书说：

"百济王闻知平定南陈，从远方奉表而至，旅途往返，甚为艰辛；如遇风浪，便有危险。百济王的心意和行迹淳厚，朕已全然知悉。相距虽远，事同言面，何必屡次派来使臣相聘问。自今以后，不须一年中再次入贡，朕也不派使前往，望（余昌）王知悉。"开皇十八年（公元598年），百济王派长史王辩那前来贡献特产，当时隋军正出师辽东。百济王派使臣奉表，请求为隋军担任向导，隋文帝下诏书说：

"往年高丽不按时朝贡，无人臣之礼，所以命令将帅讨伐。高丽君臣恐惧，畏服认罪，朕已赦免其罪，不可再兴兵讨伐。"

高丽对百济王奉表为隋军充当向导的消息十分恼怒，发兵侵掠百济国的边境。

新罗国在高丽国东南，即西汉乐浪郡的故地，或称斯罗。国内居民杂有汉人、高丽人、百济人。其国王本是百济人，自海上逃入新罗，称王于新罗国。

开皇十四年（594年），新罗王金真平派使臣向隋天子贡献特产，隋文帝拜金真平为上开府、乐浪郡公、新罗王。新罗国先附庸于百济国，后来因百济征伐高丽，高丽人不堪忍受百济王的兵役和徭役，相继归附新罗，新罗因此而逐渐强盛。后来，新罗因袭百济附庸于迦罗国。新罗地多山险，虽然与百济嫌隙颇深，百济也无力图谋新罗。

隋朝与朝鲜半岛三国的关系，同高丽虽然有过一次战争，但也以和

第一章

杨坚对你说处世之道

平相处为主，至于同百济、新罗两国，则堪称为友好关系，共同发展。

日本在古代亦称倭国，在百济、新罗东南，水陆3000里，于大海之中依山岛而居。汉光武帝时，曾派使臣入洛阳朝见汉天子，自称大夫，接受光武帝册封。在魏晋南北朝期间，世代与中国相通。

开皇二十年（600年），倭王姓阿每，字多利思比孤，号阿辈鸡弥，派使臣至长安朝贡，隋文帝令有关部门派人考察倭国风俗。其国设有职官、法律，有兵器而无征战。其民信佛法，从百济国求得从中国传去的佛经，开始使用汉人文字，知卜筮，尤信巫觋。

新罗、百济皆以倭国为大国，多有珍宝，因而敬畏，经常通使往来。

隋炀帝期间，隋与倭国的友好往来有了进一步加强。

隋王朝时期同东南亚交往较多的国家有林邑（今越南中部）、赤土（今马六甲）、真腊（柬埔寨）、婆利（今北婆罗洲）等国。

林邑其国延袤数千里，多香木、金宝，物产大抵与交相同。南北朝时期，曾与南朝通使往来。乐器有琴、笛、琵琶、五弦，与中国颇为相同。每击鼓以警众，吹蠡为准备投入战斗的信号。居民都信仰佛教，文字与天竺国相同。

隋文帝平定南陈后，林邑派使臣向隋天子进献特产，后来朝贡断绝。平定南陈后，隋王朝境内天下平定，群臣中有人向隋文帝进言，说林邑多有奇宝。于是，隋文帝于仁寿末年，派大将军刘方为䃳州道行军总管，率领钦州（治所在今广西钦州东北）刺史宁长真、䃳州（治所在今越南荣市）刺史李晕、开府秦雄等步骑兵万余人以及犯罪者数千人出击。林邑王率领徒众乘大象与隋军交战，刘方出师不利。刘方施用计谋，于丛林中挖掘很多深坑，上面覆盖杂草，伪装起来，然后率兵挑战。林邑王梵志率全军布阵，交战后，刘方率军佯败逃走，梵志率兵追击，兵众多陷入坑中，转相惊骇，林邑军大乱。刘方乘机纵兵反击，大败林邑军队。梵志屡战屡败，不得不弃城逃走。刘方率军入林邑都城。刘方获胜后班师回国，梵志又恢复原有的故地。经过这次战争后，林邑王梵志派使臣向隋朝谢罪，从此林邑向隋朝朝贡不断，两国间的经济文化往来有了进一步加强。

赤土即今马六甲。在隋炀帝即位后，与隋王朝有密切的往来。

真腊即今柬埔寨。据文献记载，真腊同隋王朝的经济文化往来，主要在隋炀帝即位以后。

隋文帝在位期间，陆路通过西域的丝绸之路，海路由南海经马六甲海峡、印度洋，同中亚、东南亚、西亚和欧洲的许多国家，都有商业和文化往来。

早在隋文帝即位之初，他向汾州刺史韦冲询问安定胡人的计策，韦冲对他说："夷狄之性，易被反覆，皆由牧宰不称之所致，臣请以理绥静，可不劳兵而定。"隋文帝深以为然。隋文帝在位25年的实践表明，他在处理同周边民族的关系上，基本上执行了"以理绥静"的既定方针，用友善的方法处之。

可以看出，杨坚正是与四夷友善，才避免了战争，之后与邻国的来往更为密切。著名哲学家斯宾诺沙说过："征服人心依靠的是爱和宽容，而不是武力。"在现实生活中，任何不尊重对方的方式都会造成对方恼怒，对自己也是不利的。所以在任何时候对别人都要温和客气。这样不仅可以使别人无法反抗，还会缓解恶劣的人际关系。就连林肯总统也肯定了宽容比批评更能改变人。所以，无论别人犯了多大的过错，都

第一章

杨坚对你说处世之道

要宽容对待，给别人机会也是给自己机会。

甘地，作为印度民族英雄在回忆自己的成长过程时说："正是宽容的父亲成就了我。"他出生在贵族之家，家境富裕，使他从小娇生惯养而且性格比较木讷。在少年时期，好奇之心使他开始抽烟并成瘾，在没有钱买烟的情况下只好偷家里的钱，而且情况越来越严重。后来，他发现背着父母抽烟和偷钱的行为太可耻了，真是丢人，都没法见人了，心里非常痛苦，痛苦到想要自杀。但他还是忍受住了，他把自己的所作所为都以日记的形式记录了下来，并把日记本交给了父亲。父亲看后，甚是痛心。但他并没有批评甘地，只是流着眼泪看着儿子。看到父亲如此痛心，他深深自责，并下定决心一定改正。最后，甘地彻底改正了错误。

人与人在很多方面都是有差异的，所以任何人都无法完全认同其他人。当你在与他人存在分歧和冲突时，一定要以友善的态度表达自己，并引导他们理解你，这样什么问题都能解决。所以一定要记得友善二字。

在1754年，华盛顿作为上校率部驻防亚历山大市，当时弗吉尼亚州正召开议会选举议员，威廉·佩恩反对一个候选人，而这个候选人正是华盛顿支持的。有一次，关于选举问题，华盛顿与佩恩展开了激烈争论，在争论过程中，华盛顿冷不丁地说了侮辱佩恩的话。当时的佩恩虽然身材矮小、但脾气异常暴躁，于是用手杖把华盛顿打倒在地。听到华盛顿被打的消息，他的长官们迅速赶来企图为他报仇，但华盛顿制止住了，并表明这件事自己处理。第二天上午，华盛顿通过便条约佩恩到一家酒店会面。佩恩毫无疑问地认为华盛顿肯定要求他赔礼道歉，并且还可能有一场恶斗。

酒店中的一切完全在佩恩的意料之外，他看到华盛顿笑容可掬地出来迎接他。华盛顿说："佩恩先生，非常抱歉，昨天是我太冲动了，人都有犯错的时候，请您原谅。您也做出了回击，如果您觉得已经出气了，就请握住我的手，让咱们做个朋友吧！"

这件事就这样圆满结束了。自此，佩恩坚定地支持和崇拜华盛顿。

其实如果真想得到别人的佩服，财富与权力都不是长久之策，高尚的品德才是最根本的办法。前苏联著名教育家苏霍姆林斯基曾经这样说过："有时宽容会比惩罚的作用更大。"

"如果你握紧一双拳头来见我，"威尔逊总统说，"我想，我可以保证，我的拳头会握得比你的更紧。但是，如果你来找我说：'我们坐下，好好商量，看看彼此意见相异的原因是什么。'我们就会发现，彼此的距离并不是那么大，相异的观点并不多，而且看法一致的观点反而居多。你也会发觉，只要我们有彼此沟通的耐心、诚意和愿望，我们就能沟通。"

如果年轻的你想让一个人接受你和你的意见，首先，你要让他认为你对他是非常友善的，是全心为他着想。你不能强迫别人同意你的意见，但却可以用引导的方式，温和而友善地使他屈服。温和友善永远比激烈狂暴更有力量。

第二章

杨坚对你说 用人

　　杰出的政治家和高超的领导者，一般都把用人看作是至关重要的大事，但在用人思想、用人出发点、用人方式方法、用人艺术等方面，却有着很大的差别，由此而带来的用人效果并对事业产生的影响，也就有着天壤之别。怎样才能解决好选人用人的问题，怎样才能把人选好用好，我们从杨坚的用人实践中都能找到明确的答案。

用人不疑，疑人不用

在用人中，对那些优秀的认为可用之人，就放心使用、大胆使用，在使用过程中也不必有疑虑；对感觉靠不住、没把握、不放心或认为有问题的人，不能使用。下面我们通过杨坚对高颎的态度来看一看杨坚是如何用人的。

高颎字昭玄，自称渤海蓓（今河北景县）人。父亲高宾，背齐归周，被大司马独孤信引以为僚佐，赐姓独孤氏。后来，独孤信被诛，妻子迁往蜀地。独孤皇后因为高宾是父亲的老部下，经常往来于高家，高宾后来官至都州刺史。17岁就参加了北周消灭北齐的战争，隋文帝当时还是北周的宰相，知道高颎精明强干，又习兵事，多谋略，就让自己的堂侄杨惠向高颎转达了自己的仰慕之意。公元589年，任命高颎为大元帅，统领50万大军伐陈。朝中对高颎不满的大臣，诬陷他有谋反的企图。隋文帝什么也没说，就把这个大臣拉出去杀了，以表示自己"用人不疑，疑人不用"的气度，并鼓励高颎放开手脚，为统一中国立功效劳。

在杨坚总揽朝廷军政大权时，就对精明强干，又熟悉军事，多有计谋韬略的高颎有所耳闻，因此想引其入丞相府任职。于是，杨坚派杨惠向高颎传达旨意，听到杨坚如此重视自己，高颎欣然答应，并且说"我愿意奉命效劳，如果无法为隋公做成大事，我高颎任由处置"。随后，高颎被任命为相府司录。当时，杨坚逐渐疏远相府长史郑译、司马刘昉因为他们奢侈放纵，所以高颎自然而然成了杨坚的心腹谋士。

尉迟迥起兵后，高颎于朝廷危难之际，主动请求到前线协助行军元帅韦孝宽作战，深得杨坚的欢心。高颎于沁水、邺城分别为韦孝宽以及宇文忻、李询设奇谋妙计，大败敌军。凯旋还京，高颎侍宴于杨坚卧内，杨"撤御帷以赐之"，进位柱国，改封义宁县公，升任相府司马。

杨坚即皇帝位，任命高颎为尚书左仆射兼纳言，为尚书、门下二省的最高行政长官，晋封为渤海郡公，大权在握，朝廷大臣没有人能比得上他。隋文帝十分器重高颎，平时总是称呼他"独孤"，而不称他的名字。高颎深以自己权势过重为忧虑，上表请求退位，把职务让给苏威。隋文帝为了成全高颎的这番美意，听任他辞去了尚书左仆射的重要职务。然而，几天过后，隋文帝却反悔说：

"苏威在前朝有高尚之行，不肯接受官职，隐居山中。高颎能荐举他任职于本朝，我闻知推荐贤人应受到上等赏赐，怎可以令他辞去官职！"

于是，诏令恢复高颎的尚书左仆射职务，不久，又任命高颎为左卫大将军，原有的职务不变。当时，突厥屡次入寇边境，诏令高颎镇守边境，还京后受到赏赐。又兼任新都大监，制度多出于高颎。高颎经常坐朝堂北槐树下听事，因槐树不依行列，有关官员请示将树伐掉。隋文帝不予允许，留于后人瞻仰，对高颎颇为敬重。不久，又任命高颎为左领军大将军，所任其他官职如故。高颎母亲病故，离职服丧。20日后，隋文帝令高颎就职听事。高颎流涕辞让，不被允许。

开皇二年，隋长孙览、元景山奉命伐陈，令高颎节制调度诸军。适逢陈宣帝驾崩，高颎以"礼不伐丧"为由，请求班师，被隋文帝采纳。隋文帝向高颎询问谋取陈国的策略，高颎献疲敝陈国之计，被隋文帝采纳。

开皇八年十月，隋文帝命晋王杨广为行军元帅，率大军伐陈，任高颎为元帅长史。在伐陈战役中，"三军谘禀，皆取断于颎"。隋军攻入建康后，晋王想把陈后主的宠姬张丽华纳为己有。高颎说："周武王灭殷，杀死妲己。今日平定陈国，不应当取张丽华。"于是令部下将张丽华杀死。

南陈平定后，高颎因军功加授上柱国，晋爵齐国公，赐布帛9000段，定食千乘县1500户。隋文帝慰劳高颎说：

"伐陈之后，有人说公想要谋反，朕已将此人斩首。君臣以道相合，并非是小人所能离间得了的。"

高颎深知功成隐退之理，再次上表请求退位，隋文帝为此下诏书说：公识见通远，器略优深，出参戎律，廓清淮海，入司禁旅，实委心腹。自朕受命，常典机衡，竭诚陈力，心迹俱尽。此则天降良辅，翊赞朕躬，幸无词费也。（《隋书·高颎传》）

右卫将军庞晃以及将军卢贲等人，曾先后说高颎的坏话，隋文帝为此很是恼怒，庞、卢二人因此被疏远而免官。为此，隋文帝对高颎说："独孤公犹镜也，每被磨莹，皎然益明。"

不久，尚书都事姜晔、楚州行参军李君才上书，请求罢免高颎。隋文帝不予听取，姜、李二人都惧怕获罪而离去，隋文帝对高颎的礼遇愈发密切。

隋文帝临幸并州（今山西太原市西南），令高颎留守京师。还京后，隋文帝赐给高颎缣5000匹，又赐给行宫1所，作为高颎的庄舍。高颎的夫人贺拔氏病重在床，隋文帝派宫中宦官探视，往来于宫中相府，络绎不绝。隋文帝曾亲临高颎府第，赐钱百万，绢万匹，又赐千里马。隋文帝曾从容命高颎与贺若弼谈及平定南陈的事，高颎说："贺若弼先献十策，后于蒋山苦战破贼。臣文吏耳，焉敢与大将军论功！"

隋文帝闻言大笑，当时舆论都称赞高颎有谦让的风度。后来又出任元帅击突厥，破敌而还。

隋文帝晚年有废黜太子的意图，想要立晋王杨广为太子，并向高颎征求意见。高颎回答说："长幼有序，其可废乎！"

隋文帝闻言后默然而止。独孤皇后也想立杨广为太子，知道高颎意志不可改变，便在隋文帝面前说高颎的坏话，并诬陷高颎有二心，开皇十九年八月，隋文帝将高颎免职为民。

隋炀帝即位后以高颎为太常，因进谏被隋炀帝认为"谤讪朝政"，下诏令将他诛杀。高颎作为隋文帝名副其实的第一助手，执政近二十年，为强盛隋王朝作出了突出贡献。

老子说："故圣人云：我无为，而民自化；我好静，而民自正；我无事，而民自富；我无欲，而民自朴。"所以圣人说：我用以民为本的方法领导人民，人民就会自然而然地被教化；我严于律己、为人师表，人民就会自然而然地守规矩；我不给人民添麻烦，人民就会自然而然地富足；我不欲壑难填，人民就会自然而然地淳朴起来。引申到企业管理中则是"用人不疑，疑人不用"。这是企业无为而治的具体表现之一。

《三国志·魏书·郭嘉传》裴松之注引《傅子》："用人无疑，唯才所宜。"

宋代欧阳修《论任人之体不可疑札子》："任人之道，要在不疑。宁可艰于择人，不可轻任而不信。"

在封建社会里，用人是区别明君与昏君的一个重要方法。凡是明君，一般都能做到用人不疑，从而使朝廷内的谋士忠诚，在外作战的将帅也会尽心尽力，报效朝廷。

在现代社会，如果一个领导者想成就一番事业，一定要做到用人不疑，使下属充分发挥自己的才能，并为自己所用。

根据《尼克松回忆录》我们可以得知，基辛格原本是洛克菲勒的密友，在洛克菲勒与尼克松两次竞争共和党总统候选人提名的竞争中，基辛格全力支持洛克菲勒，公开反对尼克松。

但尼克松当选总统后，仍能不计前嫌，重用基辛格，聘用其为国家安全事务助理，手握很大的权力。尼克松的这一做法必定感动了基辛格，所以使其成为尼克松外交决策的高级智囊。

在现代企业中，人才是塑造企业品牌的核心资源，因此，在管理模式上，出现了由"以物为中心"向"以人为中心"转变的人本管理，人才竞争也因此成为了企业竞争的重要内容。

人事管理是与"以物为中心"管理相对应的概念，它要求理解人、尊重人、充分发挥人的主动性和积极性。这是每一位企业决策者都应当明白的道理。

企业在用人方面有许多做法，但要使人才充分发挥自己的聪明才智，信任是最为重要的。有位大企业的管理者在谈到用人时说："信任是我用人的第一标准。"这句话很有见地。用人不疑，疑人不用。既然你选择了他，**便不应怀疑**，不应处处不放心。既然你怀疑他，你便不要用他。用而怀疑，实际上是最失策的。

松下幸之助对此颇有见解。他认为，起用某个人，只有充分信任他的时候，他才会一心一意为企业卖命。

孙子说："**将者，国之辅也，辅周则国必强，辅隙则国必弱。**"这段话阐明了**将帅的职责**在于辅助国君，但是，君臣将帅的权限职责不容颠倒混淆。我们把《**孙子兵法**》这种理论应用到企业管理中去，恰如企业管理人员，**须有统御各级**主管的能力，各级主管又须有统御员工的能力，否则威权不立，号令不行，犹如人体血液之凝滞，令企业的运转困难，一事无成。

孙子又说："**故知胜有五：知可以战与不可以战者胜，识众寡之用者胜，上下同欲者胜，以虞待不虞者胜，将能而君不御者胜。**"这里的"**将能而君不御者胜**"，就是说统治者不要干预将军指挥作战，引申到企业管理就是**企业管理者**要对各级领导充分授权，在他们的权力范围内不要干预他们的工作，不要越级指挥，要做到"用之则不疑"。

用人固然有许多技巧，但是最重要的，就是要信任和大胆地委托工作。一般来讲，一个受上司信任、能放手做事的人，都会有较高的责任感，所以无论上司交代什么事情，他都全力以赴。相反，如果上司不信任自己，动不动就指示这、指示那，使下属觉得他只不过是奉命行事的机器而已，事情的成败与他能力的高低无关，因此对于上司交代的任务也不会全力以赴了。

领导者都知道信任别人对工作会有所帮助，但却不是都能够做到的。上司在交代部署任务时，心中总会存在着许多顾虑和疑虑，还常常

用怀疑的目光去看待和对待下属，就好像戴着有色眼镜，这样是不会看到下属的真实面目的。相反，以坦然的态度信任对方，就会发现对方有很多长处。

用人就要用忠臣

用人就要用忠臣，对自己不忠者，可以弃之不用。下面我们通过杨坚对人几个事例来说明这个问题。

梁士彦，字相如，安定乌氏人。他自幼喜读兵书，广涉经史典籍。在北周武帝时，因勇武而多谋，被进为上开府，封建威县公。北齐平后，又进为上柱国。周宣帝时，又被任为东南道行台、使持节、徐州总管、三十二州诸军事、徐州刺史。杨坚辅政时，又任他为亳州总管、二十四州诸军事。尉迟迥起兵反对杨坚辅政时，梁士彦被任为行军总管，随从韦孝宽前去讨伐。河阳之战，梁士彦令部将梁默等人为前锋，自己率大军后继，连破尉迟迥大军。邺城之战，梁士彦率先攻入北门，进城之后，又打开西门，让宇文忻军进城，很快占领全城。尉迟迥兵败后，杨坚下令将邺城毁掉，将安阳作为相州的治所。因梁士彦有功，便让他做了相州刺史。但杨坚对梁士彦并不放心，因为早在尉迟迥起兵未平定之前，韦孝宽的长史曾向杨坚密报梁士彦、宇文忻、崔弘度等人接受尉迟迥的赠金。梁士彦任相州刺史后，又曾对别人说，他年幼时有个相者曾说他年过60以后必然要登龙位，这话也传到杨坚的耳朵里。虽然杨坚并不清楚这些事是否属实，但这时他行将称帝，不由得放心不下。他感到梁士彦居心叵测，惟恐他成为第二个相州的尉迟迥，便将他相州刺史之职免掉，调回京城，闲置起来。从此，梁士彦对杨坚极为不满。

宇文忻，字仲乐，代北人，祖、父都在北周任公卿。宇文忻自幼聪敏，好读兵法。12岁时，已练就一身好武艺，又富有指挥的天赋。他胸怀大志，少年倜傥，常对人自信地说："人们谈论古代名将，都赞扬韩信、白起、卫青、霍光等。我看他们的作为和才能，并不值得如此赞扬崇拜。如果我生在当时，一定比他们强，决不会让他们独占美名。"北周武帝时，宇文忻因屡立战功，被加位开府、骠骑将军。北周灭北齐的战役中，宇文忻充分显示了自己的军事才能。周武帝攻克北齐晋州后，北齐后主亲驭六军进行反攻。周武帝见敌军来势凶猛，打算退兵，宇文忻劝道："以陛下之圣武，乘敌人之荒纵，何往不克！若使齐更得令主，君臣协力，虽汤、武之势，未易平也。今主暗臣愚，兵无斗志，虽有百万之众，实为陛下奉耳。"武帝听了立即下令进攻齐军，果然大胜。不久，周军攻克并州，但又被反攻的齐军包围，伤亡惨重。众将都

杨坚焚邺

劝武帝撤军，宇文忻又极力劝谏道：自陛下克晋州，破高纬，乘胜逐北，以至于此。致令伪主奔波，关东响振，自古行兵用师，未有若师之盛也。昨日破城，将士轻敌，微有不利，何足为怀。丈夫当死中求生，败中取胜。今者破竹，其势已成，奈何弃之而去？"于是，周军未退，再战取胜。北齐平后，宇文忻被进位为大将军。杨坚辅政后，尉迟迥起兵反对，宇文忻被任为行军总管，随韦孝宽前去讨伐，并多次任先锋官，大败尉迟迥军。尉迟迥兵败后，杨坚进封宇文忻为上柱国，并称赞他说："尉迟迥倾山东之众，动百万之师。而你面对强敌，出妙计多条，没有一条未成功；打过多次硬仗，没有一次不获胜，真是天下难得的英杰。"

然而，事实上，杨坚对宇文忻也早已有了猜疑，他看到宇文忻的军事才干越高，越深深地感到：宇文忻与自己并不是一条心。在征讨尉迟迥军的过程中，宇文忻接受尉迟迥馈赠的传说首先使杨坚产生了这个念头，其次就是他时刻也忘不了的那一次对话。这次对话发生在韦孝宽军和尉迟迥军相持于永桥的时候。于仲文被杨坚任为河南道行军总管，率洛阳之兵讨伐尉迟迥的河南之军。当时，于仲文曾前去看望韦孝宽，恰巧在韦孝宽营中遇见宇文忻。谈话间，宇文忻把于仲文拉到自己帐中问："您刚从京师来，以您之见，执政（指杨坚）今后的政策大致如何？我认为尉迟迥不堪一击，无需担忧，真正令人担忧的是平定尉迟迥后，执政会行鸟尽弓藏、兔死狗烹之事。"于仲文看出了宇文忻的心思，恐怕他在这紧急关头变心，便摇头微笑道："丞相宽仁大度，明察秋毫。如果我们能尽心竭诚，丞相必对我们信任不移。我在京城仅仅三天，就发现丞相有三个优点，仅凭这三大优点，就可知丞相非寻常之人。"

宇文忻迫不及待地问："是哪三大优点？"

于仲文像讲故事一样说道："有一个叫陈万敌的，刚从敌方过来。丞相对他毫不怀疑，还让他的弟弟陈难敌召募乡人，参加征讨。这表明了丞相的大度，此一大优点。上士宋谦，奉使巡检，他想借机访寻他人之罪。丞相知道后，责备他不该网罗他人的罪名。不求人私，这是丞相的第二大优点。我的妻子儿女都被尉迟迥所杀，丞相每提到这件事，都潸然泪下。待人具有仁心，这是丞相的第三大优点。"

听了这番话，宇文忻才安下心来。

杨坚知道这件事后，对于仲文更加信任之余，对宇文忻却始终不放心。他认为，宇文忻怀疑自己将行鸟尽弓藏之事，说明他对自己怀有二心。如果他遇到的不是于仲文，或者如果于仲文说的不是那些使他放心的话，他还会继续讨伐尉迟迥支持自己吗？显然不会。他一定会和尉迟迥一样反对自己，或者为达到反对自己的目的而有意将尉迟迥的势力保存起来。从此，杨坚对宇文忻戒心更重。尉迟迥平定，特别是隋朝建立后，杨坚渐渐对宇文忻冷淡起来。宇文忻也逐渐觉察到，他悔恨当初不该轻信于仲文之言，现在果然和自己当初的预料一样，杨坚真的干出飞鸟尽良弓藏的事。他常常感到愤恨、不满，曾愤愤地对别人说："当初我要与尉迟迥同反，何患大事不成！"

宇文忻这一句话，杨坚知道后更加感到宇文忻不可靠，于是找了个借口将宇文忻撤职免官。

于是，刘昉被疏远，梁士彦被闲置，宇文忻被免官，使这三人同病相怜。经过几次面谈和相聚，他们结成了一个小集团。

第二章

杨坚对你说用人

刘昉拉拢梁士彦，和梁士彦结交，与梁士彦的妻子有很大关系。梁士彦有一个非常漂亮的妻子，又正值妙龄年华。刘昉是个好色之徒，被她的美貌迷住。梁士彦此时已年近70，与娇妻难免有不和谐之处。于是，刘昉很快便和梁士彦的妻子勾搭上了。二人做得非常隐密，梁士彦一点也没有觉察到。从梁妻嘴里，刘昉知道了梁士彦心灵深处的隐密，便抓住时机，与梁士彦往来更加密切。他们一起策划反叛，刘昉答应事成之后推举梁士彦为帝。

宇文忻也经常与梁士彦往来。他见梁士彦对杨坚不满，便说："帝王之位岂是一人一姓长久占据的？只要有人扶助便可登之。你如果先在蒲州起事，我一定被派随军征讨。当两军对峙时，我与你连兵，天下即可图也。"梁士彦原打算乘杨坚外出祭祀宗庙之机率僮仆发动宫廷政变，听了宇文忻的话后，他立刻改变计划，决定在蒲州起兵。梁士彦决定在蒲州起事后，随即断河桥，控黎阳关，截河阳之道。梁士彦的儿子不同意起兵，苦苦相劝。梁士彦的外甥裴通知道此事后，密告给了杨坚。

杨坚知道这一切后，装作没事一样，不但不追究，反而授梁士彦为晋州刺史。晋州州治在今山西临汾，离蒲州不远。梁士彦受命后，惊喜地对刘昉等人说："天助我成大事也！"他还请求让仪同薛摩儿为其长史，杨坚也欣然依了他。岂不知，他已经成为杨坚给刘昉铺下的网中的"瓮"中之"鳖"。

这一天，梁士彦若无其事地照例与公卿们一起朝谒隋文帝。在大殿上，杨坚突然大声命令左右将梁士彦、宇文忻、刘昉拿下。三人还未弄清怎么回事，就被五花大绑。只听杨坚不紧不慢地说道："你们竟敢图谋造反。"三人齐声喊冤，梁士彦矢口否认。**杨坚早已安排好了**，他命人将薛摩儿带上来，与三人当堂对质。薛摩儿当着三人的面，细说了他们如何策划，梁刚如何流泪苦劝梁士彦的经过。事到如今，三人无言以对，只得低下头，认罪伏诛。

杨坚铺下的网就这样不但除掉了刘昉，**而且将梁士彦、宇文忻两个**心腹大患也一并诛灭。

应该说，郑译、刘昉、梁士彦、宇文忻这四个人，分别在杨坚辅政、平定三乱等政治斗争中起过重要的作用，在这方面，他们是隋文帝杨坚的功臣。但杨坚的性格不会容许有功而不忠的二心之臣的存在。对已经称帝的杨坚来说，新的王朝已经建立，作为一个统治者，他更需要的是治国安邦之臣。而高颎、苏威、李德林等人在治国安邦方面已开始发挥重要作用，他们才是杨坚所需要的人。作为开国之主，杨坚决不容许别人对他不忠。刘昉等人的图谋行为，**使杨坚那颗曾经被自危感和狂妄自大所折磨的心愤怒了**，这愤怒成为刘昉等人丧命的前奏。可见杨坚用人为忠的用人之道。

慎子曰：忠未足以救乱代，而适足以重非，何以识其然耶？曰：父有良子而舜放瞽瞍，桀有忠臣而过盈天下，然则孝子不生慈父之家，而忠臣不生圣君之下。故明主之使其臣也，忠不得过职，而职不得过官。

战国时期有一位道家人物叫慎子，**他曾经说过一段很有哲理的话**，意思是说，任何一个时代，都不需要特别的忠臣，因为过分忠孝不是优点，而是毛病。他说，在乱世之中，忠臣也**不能挽救没落的局面**，这已经得到了历史的证明，例如岳飞、文天祥都没能挽救没落的朝代。而辉

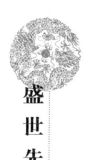

煌的汉唐宋明开国时期，并没有过于忠诚的臣子，因为它们的领导人都比较贤明，臣子们只要是贤臣就可以了。

关于"忠"字，不同的企业有不同的理解。例如在本土企业，员工每天被灌输的是"忠于公司"或者是"忠于老板"；而跨国企业，它们更多提倡的是"忠于职守"。无论是"忠于职守"、"忠于公司或老板"本身都没有错，但在理解上需要全面。在民营企业中，老板感觉对公司和自己忠诚的人都是亲戚朋友或者是跟在自己身边很多年的人。这是错误的。

回顾中国历史，我们可以看出事实并非如此，朝代衰弱大部分还是皇上身边最亲近的人造成的，例如外戚和宦官。汉代的祸乱出自宦官，并且中间新朝的王莽也是外戚。明代的魏忠贤，对明的覆灭负有很大的责任，他也是宦官。到了清朝，吸取前代教训，外戚和宦官之乱基本已被抑制，但是遭受近臣的祸害却又起来了。例如乾隆时期的和珅，我们对他的了解大多是通过电视剧，而家喻户晓的和珅形象是王刚塑造的。其实历史中的和珅并不是演员所演出的那样滑稽、搞笑，他是一个深得皇上宠爱、又忠于皇上的干练臣子，但他的贪污腐败之行却严重危害了清朝统治。和珅是典型的小忠大奸。

在一些私营企业中，我们往往会发现这样的现象：老板的心腹一般都是自己的亲戚、朋友或者是跟随自己创业的兄弟，老板完全信赖他们。但私底下他们却结党营私，拉帮结派，欺上瞒下，所有的员工都知道他们是非奸即盗之人，但仍被老板信任。正是表面上的那些"小忠"才俘获了老板的心，但暗中做的是大奸之事。在企业的发展中，他们可能会利用老板而"另起炉灶"，自己当老板，很可能还会成为老板的对手，最终还是自己害了自己。

俗话说"害人之心不可有，防人之心不可无"，即使是自己心目中的"忠臣"，也需要对他有所警惕。历史上曾经有一段关于雍正和戏子的记录：当时雍正皇帝非常宠爱一个戏子，突然有一天，那个戏子打听扬州的巡抚是谁？在皇上眼中，戏子只管唱戏就好，为什么还要询问政事，想必一定另有所图。所以就把戏子拉出去杀了。从表面上看，雍正皇帝似乎手段过于毒辣，但借鉴历史教训，却不得不这样做。

如果一个公司领导想让所有的员工忠诚于自己，那么首先要问自己三个问题：

第一个问题：自己是不是"明君"？虽然大多数的老板都认为自己是"明君"，但旁观者清，所以还是要由员工去判断。

第二个问题：自己对"忠臣"的理解是不是片面？自己想要的"忠臣"是指那些让自己在领导与管理时感到最舒服的人，还是那些真正能为企业创造绩效的人？

第三个问题：这些所谓的"忠臣"究竟是真正忠诚于自己和企业，还是"借鸡生蛋"，以自己的企业为跳板？

前面提到过，作为可以使乾隆管理国家时感到舒服，并且也是皇帝最为信赖的人，和珅却贪污了比朝廷国库更多的银子。企业领导者应考虑自己身边有没有这样的人，而且还可以算一下隐性损失，考虑一下你是否也犯了乾隆皇帝的错误？因此，炼就火眼金睛，照亮他人的心是最重要的。

赏罚严明

恩威并用，赏罚严明是根本的治国之道。恩是德赏，威是刑罚。在治理国家时，皇上要**做到恩威并用**，它旨在惩恶扬善，从而赏罚分明。韩非曾说："听说古代善于用人的君主，一定会做到遵循规律、顺应民意、做到赏罚分明。只**要做到遵循规律**，即使没有用尽全力去治理国家也会有丰功伟绩；只要顺应民意，即使法律简明也容易执行；赏罚分明则伯夷、盗跖不会混淆。"

《韩非子》是关于**法、术、势**的专著，其中有很多讨论赏罚问题的章节。韩非子谈到，自古以来，各代君主都制定法令，但国家兴盛程度为何不同，归根结底还是在于**赏罚**是否分明。所谓赏罚严明大约包含四层意思：

一是推功授爵。要根据功劳授予爵位俸禄、衡量才能授予官职政事，只有这样，才能保证升官的人一定有很好的德才，而被任用的人一定有很强的能力。只要**做到重用有德才、有能力之人**，那么有钱有势之人再走后门也是没有用的。如果不能做到推功授爵，国家必然会走向灭亡。

二是任功不任善。此处的"善"是巧言善辩之意。重用有功劳的人，民众就会少说空话；否则，民众就多说空话。所以民众说好话、套话、空话之时，就是国家衰败之时。

三是任数不任人。在治理国家时，君主所依靠的是法度，而不是个人的智慧。无论一个人多么聪明，他的智慧还是有限的，容易出现失误。所以，一定要以法制为根本。

四是赏罚适度。所谓适度，就是能平衡所有人的心，不能过度厚此薄彼。这个度一定要在人们可以接受的范围之内，否则必然会引起民众的反抗，最终使国家走向灭亡。

因此，赏罚之举，军国大事，为君为臣不可不辨，不可不慎。

开皇年间，杨坚任用了一批酷吏。酷吏靠严刑峻法推行政令，短期内可收到令行禁止的效果。封建帝王为了维护统治，大多德刑互设，宽猛相济。杨坚也是运用德治和法治这软硬两手进行统治的。他褒奖循吏，也任用酷吏。当酷吏实行严刑峻法，主要针对豪强官吏和社会污风，而对加强吏治，维护社会治安，缓和社会矛盾起促进作用时，杨坚听酷吏所为；当酷吏所为超出法制太远，对稳定社会秩序起消极作用时，杨坚则舍之不用，或予以惩办。这是杨坚用人的又一个特点，关于这一点，文献中有记载。

贝州刺史库狄士文，性清苦，不受官物，家无余财。其子曾经吃官厨饼，被库狄士收入监狱，杖打一百，步送还京。法令严肃，吏人股栗，道不拾遗。凡有小过错，必予严惩。有一次入朝，遇上杨坚置酒高会，杨坚赐公卿人左藏院，财物任取多少。许多官吏都取了很多，库狄士文独口衔绢一匹，两手各持一匹。杨坚问他为什么取物这样少？库狄士文回答说："臣口手俱满，余无所须。"说明他虽执法严酷，但清廉不贪。杨坚十分惊异，另加赏物，劳而遣之。库狄士文至州，"发擅奸隐，长吏尺布升粟之赃，无所宽贷。"共查出千余人上报朝廷，杨坚下令完全配防岭南，配防者家属前来相送，哭泣之声遍于州境。那些人至岭南，遇疾疫死者十分之八九，于是其父母妻子惟哭库狄士文。他听到后，令人捕捉，捶打盈前，而哭者更甚。时有京兆人韦煜为贝州司马，河东人赵达为清河令，二人并苛刻，惟长史有惠政。于是有民谣说："刺史（指库狄士文）罗刹（恶鬼名）政，司马（指韦煜）蝮蛇嗔，长史含笑判，清河（指赵达）生吃人。"杨坚知而叹息说："士文之暴，过于猛兽。"于是免去库狄士文刺史职务。

襄州总管田式，专以立威为务。每视事于外，必盛气以待其下，官属股栗，无敢仰视。"有犯禁者，虽至亲昵，无所容贷"。官吏中有犯赃者，社会上有劫盗者，不问轻重，一律囚禁在地牢中，住的地方有粪便，污秽异常，令其苦受，如非身死，终不能出地牢。每次朝廷赦书到州，田式不读，先召狱卒，杀死重囚，然后宣示百姓。他的刻薄情况被杨坚获悉，对他严加责备，并罢去官职。

青州总管燕荣性严酷，在州选体壮力强者为役卒，官吏有过失，必加追问，令人重打，皮开肉绽，见到骨头。"奸盗屏迹，境内肃然"。其他州县人路过其州界内，皆畏如寇仇，不敢休息。杨坚"甚善之"。后来入朝觐见，杨坚特加劳勉。以后转为幽州总管，长史见者，莫不惶惧自失。鞭笞左右，动至千数，流血盈前，他吃饭饮水照常。曾经见到道旁丛荆，可作笞棰，命部属取来试人。被试打的人说："并无罪，为何挨打！"燕荣说："以后你若有罪，则免处罚。"后来此人犯有小过，将挨打，他申诉说："前日已挨杖打，大人许诺若有罪可免处罚。"燕荣不理，说："前你无过尚要挨打，何况你今有过，更要打

盛世先导

杨坚有话对你说

了。"于是照旧杖打。燕荣每巡行管内，闻官人及百姓妻女有色，就住其室而淫。"贪暴放纵日甚。"是时，朝廷将派元弘嗣为幽州长史，元弘嗣惧怕被燕荣所辱，坚决推辞不就。杨坚知其顾虑，就对燕荣说："元弘嗣若犯该杖十已上罪皆需奏闻。"燕荣对元弘嗣非常气愤。于是派元弘嗣监纳仓粟，扬得一糠一枇，即加以责罚。每次笞打不满十下，但一日之中，数次笞打，也够难受的了。如此历年，燕荣将元弘嗣收付监狱，不给饭吃。元弘嗣之妻至朝廷呼冤，杨坚派考功侍郎刘士龙前往调查，上奏杨坚，燕荣虐毒属实，又赃秽狼籍。杨坚下令征还京师，赐死于家。

石州刺史赵仲卿，法令猛严，纤微之失，无所容舍，鞭笞长吏，动辄二百。官人战栗，无敢违犯，"盗贼屏息，皆称其能"。后转朔州总管，总统塞北屯田。微有不理者，赵仲卿就召主掌人，打其胸背，或解衣倒挂于荆棘中，时人谓之猛兽。因此屯田者不敢怠慢，收获岁广，边戍无运粮食之忧。后跟随高颎北击突厥，以功进位上柱国。时有人上表奏赵仲卿酷暴，杨坚令御史调查，情况属实，但惜其功，没有追究其罪。杨坚慰劳他说："知公清正，为下所恶。"赐物500段。后来赵仲卿更加骄恣酷暴，杨坚不容，免其官职。

赏赐有功，惩办不法，是杨坚整饬吏治的主要手段。他不仅惩办酷吏中的不法之徒，一般官吏贪赃犯法，杨坚都予以惩办。

开皇十二年（592年），晋州刺史、南阳郡公贾悉达，隰州总管、抚宁郡公韩延等，因受贿罪被处死。

开皇十七年（597年），杨坚派治书侍御史柳彧巡视河北52州，查出贪赃不称职的官吏200余人，杨坚颁令全部免职。"州县肃然，莫不震惧。"

南宁州总管韦冲，持节抚慰南方少数民族，南宁渠帅及西爨首领皆至总管府参谒，杨坚下诏褒扬。但其兄子韦伯仁，随韦冲在总管府，掠人之妻，士卒纵暴，使边人失望。杨坚令人调查属实，下令免韦冲官职。此可谓奖罚分明，功过不相掩。

豫州刺史权武，后调检校潭州总管。权武多造金带，赠与岭南少数民族首领，少数民族首领也以宝物答谢，权武皆纳为已有，因此致富。又擅自赦免囚犯，处事不依律令。杨坚派人调查属实，下令罢去权武官职。

左武卫大将军、庆州总管刘昶，甚得杨坚亲任。其子刘居士，为太子千牛备身，聚徒任侠，不遵法度，党羽300人，其矫捷者号为"饿鹘队"，武力者号为"蓬转队"。经常架着鹰、牵着犬，连骑道中，殴击路人，多所侵夺。杨坚下令捕刘昶下狱，逮刘居士党羽，"治之甚急"。刘居士处斩，刘昶赐死于家。

儒学大师刘炫，开皇初任职三省，后拜殿内将军。时朝廷购求天下遗逸亡书籍，刘炫利欲熏心，竟然伪造书百余卷，题为《连山历》，《鲁史记》等，录上送官，取赏而去。后有人揭发，经赦免死，杨坚还是把他罢职送回老家去了。

由于杨坚严惩不法官吏，使官吏不敢过分作恶，贪污行为减少，这是吏治清明的条件，有利于百姓休养生息。

企业管理者要能够明辨是非、赏罚分明，一碗水端平，才能够调动员工的积极性。战国时，西门豹在魏国的邺地做县令。为官期间，西门豹恪尽职守，办案廉明公正，得到了当地老百姓的热烈拥护。

盛世先导

杨坚有话对你说

西门豹从不趋炎附势，即使魏国国君魏文侯的亲信们从他那里也得不到任何好处，他们纷纷在魏文侯面前搬弄是非，诬陷西门豹。因此，在年底的政绩考核中，虽然西门豹的工作成绩卓越，理应受到奖赏，但是魏文侯反而罢免了他。

西门豹心里清楚，魏文侯之所以如此待他，是因为听信了小人的谗言。他忍气吞声，请求魏文侯给他一次机会，并表示自己一定会好好表现。一番软泡硬磨之后，魏文侯答应了他。

新年伊始，西门豹一改往日为官的作风，他将公事弃置一旁，将精力用在巴结权贵上。魏文侯的亲信以及一些宠臣们从西门豹那里得到好处后，便常常在魏文侯面前说西门豹的好话。这年年底，西门豹的政绩远不如过去的一年。不过，他并没有因此受到魏文侯的批评或惩罚，而是在朝中众多官员的推举下，得到了丰厚奖赏。

事后，西门豹向魏文侯进谏说："去年年底，我的政绩远高于其他县令，大家有目共睹，结果我却被罢了官；今年，我玩忽职守，对待工作极其懈怠，以至于政绩大幅度下滑，但我却得到了本不应该得到的奖赏。我之所以有功受罚、无功受赏，与大王偏听偏信有很大关系。大王您如此赏罚不明，我西门豹不愿意再继续做官了。"随后，西门豹交出官印，转身便走。

听了西门豹的一番话后，魏文侯如梦初醒。他不愿失去西门豹这样一位贤才，于是主动向西门豹道歉并把官印还给了他。

从这件事情来看，魏文侯并不是一个合格的管理者。因为，合格的管理者不需要等待员工的提醒就能辨清是非。

战国中期，齐国国君齐威王擅长治理国家。为了使官吏们恪尽职

第二章 杨坚对你说用人

守，齐威王采用了赏罚分明的策略。

他先将甲地的大夫召来，对他说："自你上任以来，我经常能看到弹劾你的奏章，听到指责你的话。于是，我派了亲信对你进行实地考察。他们回来告诉我，在你的管辖范围内，完全是一派繁荣兴旺的景象。人们安居乐业，治安稳定，不少其他地方的百姓纷纷投靠了你。我知道，之所以常常有人说你坏话，是因为你没有贿赂朝中官员。"为了表示对他功劳的认可，齐威王赐给他一万户俸禄。

不久，齐威王又将乙地的大夫召来，对他说："在你上任期间，朝中常常有官员进谏，说你是多么能干、有才华，希望我能够对你委以重任。我也希望有才之人得到重用和提拔，可是，派出的亲信去了乙地，却发现该地民不聊生，盗匪横行，一派萧条荒凉的景象。这时我才明白，你之所以没有治理好乙地，是因为你只顾忙着贿赂朝廷官员，然后才有这么多人为你说好话。"很快，乙地大夫被齐威王处死，那些曾吹捧他的官员也受到了不同程度的惩罚。

齐威王的赏罚方式很快传遍了齐国上下，朝中及各地官吏纷纷引以为戒，不再弄虚作假，力求做好自己分内的事。明辨是非，赏罚分明，不偏袒、不护短，才能树正气、有朝气，员工才能积极上进，企业才会充满活力。

《孙子兵法》开篇就讲："主孰有道？将孰有能？天地孰得？法令孰行？兵众孰强？士卒孰练？赏罚孰明？吾以此知胜负矣。"其中着重强调的是赏罚分明对于提高军队的战斗力有很大的作用。在历来的朝代中，治军所强调的是就是军令如山，一旦违反军令，必定遭到惩罚；立战功必定也会得到奖赏，力求做到赏罚分明。

应该如何奖赏才能达到最好的效果呢？首先，要有物质奖励，因为"天下熙熙，皆为利来，天下攘攘，皆为利往。"给予物质是最现实的奖励。然而，精神奖励也是不容忽视的。有时，精神奖励效果更好。现代心理学研究表明，"士为知己者死"，当自己的行为受到他人鼓励、重视的时候，任何人都会最大限度地释放自己的能量、发挥自己的主观能动性。

其实任何人都喜欢赏，而不喜欢罚。如果牵扯到重罚，人们不仅是厌恶，甚至是害怕。从古至今，无数事例证明了军队铁一般的纪律不容违反，一旦违反，必定遭到重罚，此时的重罚有着"杀一儆百"的作用。同时，所犯的错误同样会因情况的不同而受到不同的惩罚。比如说，同样是开小差，普通情况下只是被训，但如果在前线作战，可能就会面临就地正法的惩罚。所以，这不仅会使受罚者不敢再犯同样的错误，更会起到警示其他人的作用。

有人认为公司管理不需要借鉴部队的做法，其实这种想法是错误的。所有的人都有着人性的弱点，员工与士兵并没有很大的差别。在奖惩时要把握好尺度。例如在重罚时，部队中可能就是枪决，而公司中的员工罪不至此，在必须做出惩罚的时候，一定要给他改正的机会。

俗话说，"没有规矩，不成方圆"，所以无论是国家还是家庭都应该有自己的法制和规定。二者有一点是相同的，那就是必须要赏罚分明。军队赏罚分明，可以提高士气；公司赏罚分明，可以提升业绩。否则，必然会产生不良效果，甚至还会有血的教训。

关于赏罚分明要注意三个方面：

首先，有过必有罚。

第二章

杨坚对你说用人

一个团体必须讲究纪律，不能因这个人平时对我好或者是亲朋好友，有过就不惩罚，如此很容易引起别人的反感。西蜀孔明北伐时，因马谡不听他的调动，擅自作主，因此败北丢失街亭。虽然马谡才气过人，得到诸葛亮的器重，但为了严肃军纪，诸葛亮还是忍痛挥泪斩马谡，并上表请求自贬三等，承担失败之责，从此蜀军上下，再也不敢违命。所以有过必罚，不能优柔寡断，感情用事，这样才能上下团结一致。

其次，有功必有赏。

部属有功劳而不奖赏，他会产生不服气的心理，以后就不肯立功，甚至造成上下离心离德，难以领导。《说苑》言："有功者不赏，有罪者不罚；多党者进，少党者退；是以群臣比周而蔽贤，百吏群党而多奸；忠臣以诽死于无罪，邪臣以誉赏于无功。其国见于危亡。"所以有功必赏，可以激励员工工作态度，也能融洽上下级关系，让部属"鞠躬尽瘁，死而后已"。

第三，双管齐下。

赏与罚双管齐下，并且两手都要硬。下属取得成绩，及时给予肯定，不吝啬表扬；下属犯了错误，给予指正，并先检讨自己是否教会了下属正确的工作方法。"罚"的目的在于"惩前毖后，治病救人"。有一个小故事值得借鉴：有一天，工厂男浴室屋顶灯泡坏了，浴室里一片漆黑，工人吵吵嚷嚷。领班通知电工去换，但谁也不去，领班说："谁去换灯泡，给100元。"一会儿浴室七个灯泡全换好了。厂长说道："这笔钱从集体奖金中扣。"不但如此，还规定以后公共场所灯泡坏了，若电工们不去换而别人去换，则换一个灯泡就拿奖金，且一律从电工组奖金里扣。这一招真灵，从此，走廊、厕所、浴室总是亮的，再没发生过黑灯暗火的事情。由此可见，赏罚分明，双管齐下对员工的心理震慑力是何等强大。

当然，赏罚分明固然重要，但也要讲求公平，否则会引起员工的抵触心理。生命有两个最基本的范畴：尊重与公正。这也是作为个体的人最需要的两样东西。员工也不例外，尊重自不待言。因为人要过社会性的生活，其生活的美好程度最终有赖于社会制度和社会各方面条件是否有益于人的生活和生长，此时，公正的社会秩序便成为每一个人的追求，公正也成为每一个人发自内心的需要。事实上，我们在员工中作调查，他们心目中的好管理者应该是什么样的？无论你在哪里调查，公正这个品质都是十分重要的。

总之，在下属的心目中，领导的责任通常与领导的权力是等同的。赏与罚都必须善加运用，并且要公平。这样才能获得部属的信赖和支持，才能发挥团队的力量去促进企业的发展。

任人唯才

真正优秀的领导无一例外的是任人唯才，从不靠自己的关系让亲朋好友走捷径。身为九五之尊的杨坚也不例外。

通过对旧王朝皇亲贵族武装反抗的坚决镇压、对不忠于自己的奸诈之人的大诛杀，杨坚基本上根除了旧王朝复辟的希望。但他明白，这一切并不能使他的新王朝完全巩固，他建立的隋王朝要长治久安，靠现有

的朝中将相远远不够。要治理好这个国家，他还必须有一批不但有才干而且对新王朝忠心耿耿的人。

杨坚决心从中央和地方挖掘一批治国之才。

杨坚最重用的几个人都是高颍推荐的，如苏威、杨素、贺若弼、韩擒虎等人。本书前面提到杨坚之所以信任高颍，接纳他推荐的一批贤才，除了这些人不但是很有才干而且对杨坚忠诚之外，更重要的是，高颍被杨坚认为是最可靠的老朋友。高颍家与杨坚的皇后独孤氏家可以说是世交，高颍的父亲高宾是独孤信的僚佐，独孤信死后，独孤氏与高家的往来一直未断。此时，杨坚早已与独孤氏结为夫妻，所以他对高颍的为人和才干也十分了解。因此，杨坚辅政后，立即将高颍召入相府任职，大加重用。而高颍也没有辜负杨坚的信任，在平定尉迟迥起义中显示了他卓越的政治、军事才能和对杨坚的忠诚。于是，高颍的官职日益高升，地位很快提高，杨坚对他更加信任。在北周时，社会上突然出现种族返祖倾向，朝廷明令所有的社会上层恢复鲜卑族之姓，这时，独孤信将自己的姓赐给了高颍的父亲。因而杨坚常常称高颍为独孤，而不直接叫他的名字，这在当时是一种非常敬重的表示。

在高颍的推荐下，杨坚重用杨素。杨素与杨坚是老乡，又是远亲。他们两人都是"夷狄"文化教育的地方贵族。青年时期的杨素，相貌端庄，有着为人所羡慕的美髯，勤奋好学，才干出众，勇敢坚强，但酷爱女色。虽然历史中晚年的杨素野心勃勃，伙同杨广，又害杨坚，但对于杨坚建隋之初的政权稳定立下了汗马功劳。

杨坚早在高颍推荐之前，就听说苏威很有才干，当高颍一提出，杨坚立即召他辅佐自己。杨坚认为苏威幼有成人之礼，胸怀大志，具有谦让的优良品质，才能过人，因而对苏威十分重用。当苏威因兼职太多而辞让时，杨坚不但不让苏威辞职，反而又让他兼大理卿、京兆尹、御史大夫、纳言、民部尚书等五职于一身。不仅如此，杨坚还常常以自己与苏威的关系引以为荣。杨坚曾对百官朝臣道：

"苏威不值我，无以措其言；我不得苏威，何以行其道。杨素才辩无双，至于斟酌古今，助我宣化，非威之匹也。威若逢乱世，南山四皓，岂易屈哉！"

大意是说，"如果苏威没有遇到我，就无法施展才能；我如果没有苏威，又如何能推行安邦定国之道呢？虽然清河公杨素辩才无双，但在博古通今，辅助我宣扬教化方面，远远比不上苏威。如果遭逢乱世，苏威肯定会像西汉初年的南山四皓那样隐居避世，岂能轻易让他隐居出仕！"苏威曾经对隋文帝杨坚说："我的父亲经常告诫我说：'只要熟读《孝经》一书，就足以安身立命，治理国家，不用读其他的很多书！'"对此，杨坚深表赞同。

隋文帝杨坚建立的隋朝中，其他官员的权势均远逊于上述三人。他们大都是杨坚的亲属，而且，绝大部分人的阶级、籍贯和教育背景与杨坚相同。在他的近乎最高级的顾问中只有一个人完全掌握儒家的思想遗产，他来自东部平原，并曾在那里为北齐效劳。他就是杨坚的另一位重臣李德林。李德林出身于书香门第，自小就表现出通晓古代典籍的才能。李德林被争取去支援杨坚开创新王朝的大业；在伪造以幼帝名义颁发的要求杨坚摄政执掌文武大权的诏书过程中，他起了主要作用。在北周静帝大象二年（580年）局势紧张的夏季，他为杨坚出谋划策，然后凭自己深厚的古文造诣，用令人信服的文字宣布北周的灭亡和隋朝的建

隋文帝杨坚泰陵

立。然而，不久他却单独反对全部杀害前朝王室宗亲，为此，杨坚骂他为书生，不足与议。但在隋朝治国过程中，李德林始终是杨坚的重要文臣，他为杨坚巩固隋政权立下了无可替代的功劳。史臣曰：

"德林幼有操尚，学富才优，誉重邺中，声飞关右。王基缔构，协赞谋猷，羽檄交驰，丝纶间发，文诰之美，时无与二。君臣体合，自致青云，不患莫己知，岂徒言也！"

这样，杨坚作为隋朝的第一代皇帝拥有了几个主要的辅佐者：高颎，能力很强，多才多艺，能制定文武两方面的政策，并努力在京师的官署或在战场上贯彻；杨素，凡是贵族都能用得着的打手，随时执行其主公的命令而不管死多少人；苏威，一个名人之子，尽管有种种过错，但却是一名忠诚和有效率的朝廷重臣；李德林，一个儒家文人，只有当他在礼仪、古代典籍和历史方面的学识能为篡位的隋朝提供合法的依据时，他才被使用。

杨坚为自己巩固政权，为自己建立的隋朝能长治久安组织了一个核心集团。在这个核心集团以外，也有形形色色的有用人才，隋文帝在各种特殊使命中加以任用。他所能物色和使用的所有有干劲的和有能力的人，都被用来对付新王朝面临的一大堆难以处理的问题。

杨坚为自己争取了四位精明能干的贤臣，这四位辅佐者就像四根坚固的柱子，牢牢地支撑着隋王朝这座大厦。接着，杨坚还极力为自己广招贤才，为隋王朝的政权巩固、发展壮大进一步积蓄力量。

身为皇帝的杨坚就是这样以种种做法巩固政权，捍卫自己的利益。在现如今的企业里，有些领导喜欢培植自己的关系网，把亲信安排在各个要害部门，以此来巩固自己的领导地位。实际上，这种做法在短期内或许有效，从长远的角度看，无异于自掘坟墓！真正优秀的领导无一例外的任人唯才，从不靠自己的关系让自己的亲朋好友走什么捷径，而是让他们接受磨炼，凭借自己的才华，逐渐地成长起来。

人事管理者招聘员工和重用人才时一定要坚持德才兼备，才华和道德品质都应该考虑到。

到底什么是"德"呢？它很抽象，但可以通过很多具体的形式表现出来，例如助人为乐，拾金不昧，不斤斤计较别人的过失，努力工作，不歧视……在选择德才兼备的人才时，不能太过主观性，既不能像选朋友那样选人才，也不能按自己的感觉随心所欲，而是要按事实说话。德才兼备与家庭、学历背景没有太大关系，所以，人事管理者一定要避免歧视。

西门子在面试时，特别在乎应聘者是否"诚实"。如果有跳槽者，曾经在一个与现在应聘的公司规模和职位没有太大区别时，他会问跳槽原因。对于这个问题，答案有很多。但"我被公司解雇了，我需要一份工作"，"因为我最近搬了家，这儿离我家挺近"这样的回答还是比较让人信服的，所以"诚实"测验过关。

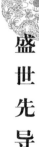

在面试过程中，西门子从来不会避讳的一个问题是"收入"，西门子认为薪资必然是员工最关心的，报酬对于任何人来说都很重要，所以可以大胆表达自己的想法。只有做到实事求是，才会有更多的机会。

其次，要重视其心理素质。

在日益激烈的社会竞争中，每一个人都承受着很大的压力。同样，企业也不例外。在企业竞争中能够脱颖而出与员工的技术水平和能力有着很大的关系，但心理素质也是很重要的。所以，很多企业在招聘人才时都会增加一项压力面试，这也是在考察其心理素质，他抗打击能力强吗？能与其他员工好好相处吗？……

如今，一些国家越来越重视人才的心理素质，他们通过设置各种心理测试来检验应聘者的心理素质，在中国企业，这样的做法也已经很普遍。这样一个过程可以减少企业的风险，从而找出心理素质最好的人才来为公司服务。

最后，良好的工作态度也是特别重要的。前面已经提过，在选择人才时最重要的标准是德才兼备。"才"可以通过工作能力、心理素养表现出来，但"德"主要反映在工作态度上。端正工作态度对于员工自己和企业都会有良好的影响。在工作时，态度良好不仅可以激发自己的工作热情，提高工作效率，更重要的是可以提高企业效益。或许很多时候因为各种员工无法控制的原因，即使工作态度好也不能产生很高的工作绩效，这需要管理加以配合，但态度仍然是公司不能忽视的重要因素。

前辈曾经给我们留下了太多的用人经验："为职择人则治，为人择职则乱；任人唯贤则兴，任人唯亲则衰；用当其才则安，用非其才则怨；用当其时则佳，用失其时则废；异质互补则强，同性相斥则弱。"

这强调了根据岗位招聘人才是十分重要的，只有在考虑各种因素的基础上达到资源的优化合理配置，才能取得最佳效果。

作为世界十大女富豪之一的吴舜文，是台湾著名女企业家，她的事业之所以如此成功与她的管理之道是分不开的。在人才的使用和管理上，不仅能唯才是举，还能容人之短。朱信出掌"裕隆汽车工程中心"就是最具有说服力的一例。

吴舜文大胆任用从事着航空研究的朱信进行汽车设计，企业界的权威人士听到此消息时频频摇头，就连国民党当局的工业官员也难以相信。但吴舜文的大胆授权却给台湾落后的汽车工业带来了历史性的转折。在不到5年的时间里，朱信设计出裕隆飞羚101，震惊汽车业。

在唯才是举方面，吴舜文还能容人之短。她明白每个人身上都会存在缺点，特别是经验不足，但天资聪颖的年轻人的缺点更多。所以，能够做到忍让才能激发他们更大的能量，为企业发展做出更大的贡献。在企业界摸爬滚打了数十年的吴舜文深知人才对企业的重要性，所以她会想尽办法留住优秀的人才。任何公司都会有这样一些人，他们自视甚高，甚至不服自己上司的领导。吴舜文做董事长的公司也不例外，很多人会提出各种各样根本想不到的要求，但吴舜文只要觉得合理、能够接受就会答应。为此，吴舜文这样解释："为公司大局考虑，有时候在用人之长时，也要暂时忍一下人之短，只有这样，企业才能不断发展。"

在19世纪初，福特公司发生了一个有趣的事。

当时，福特公司的一台电机发生了故障，整个公司的这方面行家都被难住了，没有人知道毛病出在哪儿。这些行家们又对这台电机进行多次研究，仍然是一无所获。最后他们不得不请来了德国著名的科学家斯

坦门茨。

斯坦门茨随身只带了一块塑料布，几支粉笔。他在那台电机旁整整呆了三天，不断地观察，不断地计算。最后，他在马达上画了一道线，然后对福特公司的人说：修这里。人们照做了，斯坦门茨要价1万美元，经理愕然，让他填材料费用单。只见斯坦门茨挥笔写道："画一条线，1美元；知道在什么地方画线，9999美元。"

一条直线的画法，表面上看似简单、容易，但是无不体现着人才的重要性。可惜，在某些领导人眼里，人才说起来重要，用起来次要。因为，一般而言"人才"的思想性强，才能突出，有一定水平，所以，领导们就怕不好"领导"，往往敬而远之。有的怕干出了成绩，使做领导的脸上无光，便明争暗弃。

实际上，这些做法都是不可取的。首先，人才是您部门取胜的重要保障，如果没有人才何来您的事业？何况，对领导来说，您有职责、有义务使用人才，提拔人才，这样您的下属一定会感到在您的领导下有一种信任感，他们也愿意为您加倍努力工作。

知识就是力量，知识可以转化为生产力，领导者有责任、有义务任用人才，提拔人才。

爱才不计门第

杨坚选人，常有独到之见，表现了政治家的敏锐眼光。在用人上不计出身、不计贵贱能为自己所用才是根本。《杨坚传》一书有这样的记载，描写了杨坚用人选人的一些做法。

长孙晟，是汉化鲜卑人。性通敏，略涉书记，善弹工射，矫捷过人。年十八，为北周司卫上士，未知名，人皆不识其能。惟杨坚一见，"深嗟异焉。"于是拉着他的手而对人说："长孙郎武艺逸群，适与其言，又多奇略。后之名将，非此子邪？"开皇初，杨坚用为奉车都尉。他了解突厥社会状况，根据突厥五可汗分立，外示和同，内怀猜忌的状况，提出"远交而近攻，离强而合弱"之计，为杨坚采纳。长孙晟"兼包奇略，因机制变"，多次出使突厥，行分化之计，在隋初制胜突厥的过程中立有殊功。后来官至右骁卫将军，如杨坚当初所料。

陈茂，家世寒微，质直恭谨，为州里所敬。北周时，杨坚引为僚佐，每令典家事，未尝不称旨，杨坚善其能。后跟随杨坚与北齐军队战于晋州，北齐军队势众，杨坚将挑战，陈茂劝止不住，于是捉住马络头。杨坚大怒，拔刀砍其额，流血满面，但词气不挠。令杨坚感动，因此厚加礼敬。其后官至上士。隋初，杨坚拜陈茂为黄门侍郎，参典机密。后迁太府卿。

张定和，少贫贱，初为侍官（府兵）。平陈之役，张定和当从征，无以自给。其妻有嫁时衣裳，张定和要卖掉充资装，其妻坚决不给，张定和遂行。后以军功拜骠骑将军。跟从上柱国李充北伐突厥，英勇无比，虽颈部负重伤，仍神气自若，奋力退敌。杨坚知道后，称赞他是壮士。遣使者带着药，到张定和住所慰问。进位柱国。

郭绚，家素寒微。杨坚初用为尚书令史，后以军功拜仪同，历数州司马、长史，皆有能名。

以上情况说明杨坚用人是不论出身门第和不拘一格的。

爱才求才，不计出身门第。要想得到人才，必须首先重视人才。如果管理者不具备重视人才的心理，即使人才近在眼前，也只会看到人才的短处。

随手翻阅一下我国的历史就会发现，在历代王朝中，凡是英明的君主都求贤若渴。一旦发现人才，他们就会立即启用。

唐太宗李世民是一位典型注重人才的皇帝，他礼贤下士，从不以家庭、学历背景为标准。

贞观三年，天下大旱，民不聊生。按照传统，因为朝政出了问题，才会有天灾，老天通过此种形式来提醒皇帝，并自省。当时看到如此情况，唐太宗坐立不安，于是颁布诏书，令文武百官上书议论朝政得失。

这次机会对于很多人来说特别重要，因为他们可以大显自己的才能，甚至可能会借机得到皇帝的重用，于是纷纷上书。本是一件令大家信心满满、施展抱负的机会，却让一个人如皇帝一样坐立不安，那就是中郎将常何，因为他写不出一个字。

在玄武门之变时，常何正好宿卫北门，因支持太宗夺取玄武门有功，所以被提拔为中郎将，担任要职。虽然身居要职，但由于常何只是一介武夫，文理不通，所以对于任何事情都难以用文字表述。正在苦闷时，门客马周替他解了围。

马周是山东人，幼年丧双亲，只身一人，生活困苦，难以施展自己的才华和抱负，所以只能流浪寻找机会，到长安后，投身常何，做了他的门客。

这天，看到常何在室内独自发愁，马周就过去问有什么可以帮忙的。听到常何的苦恼后，马周笑着说："这事就交给我吧。"于是立即代常何起草了一份奏章。

在看到常何呈上来的奏章时，唐太宗并不抱多大希望，因为他知道常何肯定写不出什么来，但还是出于好奇，打开看了看。出乎唐太宗意料的是，奏章中所说的事情简直说到唐太宗心里去了，所有的解决办法都很实用，此时的唐太宗是兴奋中夹杂着太多的疑问，就凭常何的学问，怎么能写出如此高质量的奏章呢？于是一探究竟。他下旨传常何上殿。听到皇上召见自己，常何心里也是疑问重重。

见了常何后，太宗说："这奏章写得很好！是你自己写的吗？"

常何叹了一口气，老实交代："我哪有这个能耐！是我的门客马周替我写的。"

听到常何这样说，唐太宗非常高兴，立马召见马周。在马周进宫后，唐太宗详细与他交谈，言谈中的许多事情都证明了马周是个人才，所以任职重用；正是因为常何举荐贤才，唐太宗才能得到如此优秀的人才，所以也赏赐常何。

在任职过程中，马周见解敏速，能言善辩，深识事端，处事平允，而且又敢于直言进谏，得到了唐太宗的器重，不断升职，一直做到中书侍郎、中书令等要职。

重用马周的事实证明了唐太宗是一位求贤若渴的君主。在得知马周是一个贤才时，他没有计较马周的出身，也没有因为各种理由歧视马周，只是重用他，为自己出谋划策，所以才能够使自己身边人才济济，这不仅显示了唐太宗是一位贤明的君主，也为唐朝的繁荣奠定了基础。

同时生活在唐朝的诗人李贺十分羡慕马周，因为李贺并没有像马周

那样得到重用，自己的才华无从施展，内心苦闷。

他曾在一首诗里歌咏："马周昔做新丰客，天荒地老无人识"，他希望自己能如马周一样，有朝一日得到皇帝的重用。但最终还是不得志，抑郁中赍志而殁。

要想国家稳定，社会繁重，重用人才是关键。中国历代王朝中，重用人才的贤明君主不胜枚举，明朝开国皇帝朱元璋就是其中一位。

当听到冯国用、冯国胜两兄弟以及李善长说讲的平定天下之道后，朱元璋顿时感觉到茅塞顿开。他朦胧中看到了一条通向未来的光明大道，并意识到了读书人的重要性。从此，他想尽一切办法招用人才，并向他们虚心请教。朱元璋曾经对人说："予思英贤，有如饥渴。"这将他求贤若渴的心态展现得淋漓尽致。

至正十四年七月，在攻占滁州以后，儒士范常经常到军营中拜谒朱元璋。范常每次来拜访，朱元璋都会热情款待，并把他留在身边当自己的谋士。看到朱元璋如此厚爱自己，范常也尽自己所能帮助朱元璋，为他出谋划策。

龙凤元年六月，当时攻取太平后，耆儒李习、陶安率父老出城迎接朱元璋。次日，朱元璋召见他们，与他们商议国家大事。

陶安献策说："现在群雄并起，争霸天下。然而他们大部分只是为了满足自己的私欲，追求美女和财富，并不是为了造福全天下的百姓。如果您不与他们同流合污，而是顺应民心，造福百姓，必然能够统一天下。"

朱元璋又问陶安："我想攻取金陵，您觉得怎么样？"

陶安回答说："历代帝王都在金陵建都，那里以长江为天然屏障，地理位置特别适合作战，如果占领它，然后向四周扩展，一定会战无不胜的。"

听陶安这么说，朱元璋很是欣赏，于是把陶安也留在了自己身边。除此之外，李习也受到重用，被任命为新建立的太平府知府。

后来在占领应天后，朱元璋宣布："凡是想跟随我，与我一起打天下的贤人君子，我一定会以礼相待并且加以重用。"听到消息后，夏煜、孙炎、杨宪等十几位儒士前来谒见，都得到了朱元璋的录用。

在听说秦从龙（字元之）隐居镇江时，朱元璋就特意嘱咐率军攻打镇江的徐达说："镇江有一位秦元之，他曾担任元朝江南行台侍御史，是洛阳名儒，你一定要找到他，向他转达我希望见到他的心愿。"

在得知徐达找到秦从龙后，朱元璋立刻命朱文正和李文忠带着厚礼前去拜望秦从龙，并把他接来见自己。在秦从龙到达应天时，朱元璋亲自出城迎接，并加以重用。

龙凤三年四月，邓愈率军进入皖南，他听说徽州名儒朱升学问渊博，于是特地向朱元璋推荐。

朱升，字允升，休宁人，后来移居到歙县。早年以陈栎为师，勤奋好学。在至正四年参加科举考试，取得了登乡贡进士第二名的好成绩。曾出任池州学正，但看到天下混乱，决定归隐，于是弃官回家，隐居石门山。

朱升这个人，朱元璋早就听说，在邓愈的介绍上，朱元璋更觉得朱升是个人才，于是登门拜访，虚心向朱升请教平定天下的谋略。虽然朱升一直归隐山中，但仍关注时事，心中早有谋划。

朱元璋的真诚打动了朱升，于是就献言三策："高筑墙，广积粮，

缓称王。"所谓"高筑墙"就是建议朱元璋加强根据地建设，巩固后方；"广积粮"就是建议朱元璋加强农业生产，发展经济；"缓称王"就是建议朱元璋不要过早地展现自己的欲望，而是要韬光养晦，建立好的群众基础。虽然只有一句话，却为朱元璋经营江南指明了方向。

朱元璋牢记朱升的建议，并努力践行。后来，他把朱升请回幕府，参与密议。

龙凤四年十二月，朱元璋亲自率军征战婺州。他知道婺州是大批富有学问儒士的聚居地，如果让这些人为自己服务，不仅可以稳固政权，而且可使他们成为自己的谋士，不断为自己出谋划策。所以，在占领婺州后，朱元璋立即召见了儒士范祖干、叶仪，虚心请教治国方略；接着聘请许元、叶瓒玉、胡翰、吴沉等十三名学者为师，向他们学习儒家经典和历史书籍；把范祖干、王冕、许瑗等纳入幕府，让他们参议军国大政。为了体现自己对儒士的重视，朱元璋还下令开设郡学，礼聘名儒叶仪、宋濂为五经师，戴良为学芷，吴沉、徐原为训导，恢复之前被破坏的教育体系，受到了大家的欢迎。

在龙凤五年十一月，胡大海向朱元璋推荐刘基、叶琛、章溢。

刘基，字伯温，是青田人，在元统年间考中进士，历官高安丞、江浙儒学副提举、处州路总管府判等。因怀才不遇，无法施展抱负，便弃官归隐，读书著述。

叶琛，字景渊，丽水人，曾协助石抹宜孙守处州，授予行省元帅的官职。

章溢，字三益，龙泉人，曾组织乡兵抵抗农民起义军，被任命为浙东都元帅府金事，但他拒绝了，退隐匡山。

在接到胡大海的推荐后，朱元璋立即派人带厚礼前往，转告自己希望重用他们的心愿。当听到使者如此说，叶琛和章溢表示愿意出来，但刘基仍然拒绝。在朱元璋命人再三敦请，陶安和宋濂也分别写信劝他应聘的情况下，刘基只好答应。

朱元璋充分认识到人才对于维护一个国家的统治是多么重要，所以每当占领一个地方都能重用当地人才。朱元璋的坦诚使更多的人才愿意围在他的身边，并全力以赴、全心建言献策，这使朱元璋有了更强大的智囊团，也为朱元璋完成统一大业打下了坚实的基础。

古人云："数步之内，必有芳草"；"千里马常有，而伯乐不常有"；"用则满目俊才，弃则遍地糟糠"。很多时候，人才就摆在眼前，关键在于欲成大业的人会不会发现他们、重用他们。

其实任何事情都有正反两方面，一旦得到领导的重用，此下属一定会心存感恩地全身心地投入到工作中去，为领导谋利。如果得不到领导者的重用，他必然会感到怀才不遇，并逐渐心灰意冷，最终一蹶不振，无法为领导服务。

作为现代企业的管理者，也应该像古代有成就的帝王那样，充分认识到人才的重要性，不断通过各种方式去发现人才，主动求得人才的帮助，从而推动企业的飞速发展。

第三章

杨坚对你说 竞争

竞争是人类社会的一种普遍现象，是一种有目的的行为过程。人的行为总是有一定的动机的，没有动机就不可能产生有目的的行动，可以说人类的历史就是一部竞争的历史。现代社会是一个高度竞争的社会，竞争在社会各个领域中是一种十分普遍的现象，从考场竞争到体育竞争，从经济竞争到政治、文化竞争，从国内竞争到国际竞争，竞争在我们的社会中可以说是无处不在，无时不在的。不管是管理者或是个人要想生活就必须学会竞争。接下来，就让隋文帝杨坚告诉你在生存中的竞争之道。

弱肉强食，适者生存

竞争并不可怕，竞争有竞争的规律，只要认识、掌握了规律，就可以去正视它，接受它，并赢得竞争。竞争这种社会现象从古到今便存在于人类社会，人与人之间的竞争是必然的、不可避免的。

北周孝闵帝、明帝在位时，大冢宰宇文护执掌朝政。宇文护杀了独孤信之后，采取了分化独孤信集团的策略。他一度在拉拢杨忠、杨坚上面下了些功夫，不料杨忠父子不愿就范。他还在提拔杨忠为太傅的事上作梗，企图使杨忠恼怒，然后像对付贺若敦那样把他杀掉。但杨忠对不当太傅反映平平，使他找不到任何借口。为了除掉杨氏父子，宇文护甚至还在杨坚的外貌上作文章。

据史书上记载：杨坚"为人龙颜，额上有五柱入顶，目光外射，有文在手曰'王'。长上短下，沉深严重。"用今天的眼光看，杨坚额头较宽大。由于瘦，额上青筋突出，配之以宽头大额，所以十分显眼。这可能就是所谓的五柱入顶。杨坚的两眼迥迥有神，手上的纹路有"王"字形状，这一切都是正常的生理现象。特别是身材上长下短，很不合今天的审美眼光，可在当时却被视为"龙颜"。

若是皇家龙种，且有一副龙颜，则大福大贵。臣门将后生成一副龙颜，却不见得是好事情。为了这副龙颜，杨坚几次差点把命丢掉。

还是在周明帝宇文毓时，一天，宇文护把一个会相面的人领到了朝中，这个人就是赵昭。

明帝问："你真的会相面吗？"

赵昭回答说："在下从小熟读相书，而且也跟从名师学习，所以略通一二。"

"你说，相面真的准吗？"明帝又问。

这下可问着了，赵昭立刻滔滔不绝地讲起了相术的神验：

"陛下，人的命运和相貌，就如声与音一样。在声发出来的刹那间，音就出来了。人的寿命、贵贱、贤愚，都可从面相中看出来。黄帝生而神异，弱而能言；虞舜八采光眉，四瞳丽目。这些都是特有的天姿，圣人之贵表。"

"好！"明帝打断了赵昭，这表明了明帝几乎没有什么兴趣。"我的右小宫伯有奇表，请给他相相面。"

杨坚知道，这是宇文护想到的一个害他的办法。但事已至此，也只能生死由命了。先听听赵昭怎么说吧。

"唉呀，"赵昭大叫一声，"这位大人真是好相貌啊，额头有紫光冲顶，眼睛有日月之光，地静镇于城缠，天关运于掌策……"

听赵昭如此说，顿时觉得头脑发胀。他只听到前面几个字，至于后面的具体内容是什么，他没听清楚，就是祈祷这个相面的千万不要说出"帝王之相""至贵之容"之类的话，否则，定会被冠上"图谋不轨"的罪名，必死无疑。

可能赵昭意识到了一些问题，于是"峰回路转"，说道："但是，虽有紫光却被额顶所限，冲而不出；虽有日月之光却弱而不强，状若夕阳残月。依我看来，不过官至柱国罢了。"

从皇宫出来，赵昭偷偷地对杨坚说："凭您的长相，应为天下之君。然而必须要经过大诛大杀才能确定。请好好记住我的话。"

此刻，杨坚对赵昭充满了感激。他所感激的，不是说他将为天下君之类的恭维，而是刚才那句不过官至柱国的断语。

仅"官至柱国"这四个字，在相面者来说，不过是随口一说、嘴唇一碰，但对杨坚来说，是救命之词。

杨坚感受到了相术的力量。

在宇文护当政时期，由于有杨忠的庇护，有朋友们的帮助，再加上他的好运气，使他终于摆脱了宇文护的忌恨。

北周武帝建德元年（公元572年），宇文护及其亲党大多被杀，来自宇文护一党的威胁彻底解除，杨坚似乎可以舒一口气了。然而好景不长，没过多久，猜忌的阴影再一次向他袭来。这猜忌，主要来源于齐王宇文宪。

宇文宪之所以猜忌、陷害杨坚，主要动机是要表现自己。他要表现对周武帝的忠心，取得周武帝的信任。宇文护专权时，宇文宪深受信任。宇文护被杀后，宇文宪入见武帝，免冠谢罪。武帝对他说："大周是太祖（指宇文泰）打下的天下，我是嗣位守成，常常担心江山失于我手。大冢宰（指宇文护）目无君主，凌犯尊上，将图不轨。我之所以把他杀了，是为了江山社稷的安稳。你我为兄弟之亲，休戚与共。宇文护之事与你无关，为什么要如此呢？"

周武帝话虽这样说，实际对宇文宪却不信任。有一次，周武帝把宇文宪的侍读召到内殿，对他说："晋公（指宇文护）的狼子野心是朝野人人皆知的，朕之所以挥泪将他杀掉，是为了安国家、利百姓。想当初北魏纲纪大坏，太祖出来匡辅魏主；我大周受命以后，晋公又出来执掌威柄。我担心人们对这种名为辅弼实则执权的作法习以为常，认为法当如此。岂有30岁天子仍受治于人的道理？况且近代以来，又出现这样一种弊病，凡是曾经有过隶属关系的，便如君臣一般。这实在是乱天下的大弊，不是经国之治术。《诗经》说：'夙夜匪解，以事一人'。一人的意思，只是指君主而言。你虽然是齐公的陪读，只是侍从奉陪，不得搞成君臣关系。君主只有一个，不能因为太祖有10个儿子就要有10个天子。你对齐王，应以正道规范他，以义方劝导他。齐王讲道义了，我们才能君臣和睦，骨肉相协，嫌弃消除，猜疑不生。"

周武帝这番话，是通过宇文宪的侍读告诉他的：天子只有一个，不要拉亲立党。显然，周武帝对这位弟弟并不信任。急得宇文宪指着自己的心窝对侍读说："我的心你难道还不知道吗？我只能对君主尽忠竭节。你应该知道怎样回复主上。"

宇文宪开始了取得周武帝信任的努力。

宇文宪有个朋友叫刘休徵，写了一篇文章叫《王箴》，内容劝诫诸王忠于君主，遵守法度。宇文宪看后赞美不绝，并指使他将此文献给武帝。武帝看后非常高兴。

宇文宪通于典籍。他看到兵书既多又繁，很难得其大旨，便亲自伏案挥毫，将兵书刊定为《要略》五篇，送呈武帝。武帝看后，龙颜大悦。

卫王宇文直反叛，宇文宪说这是"逆天犯顺，自取灭亡"，并亲自率前军征讨。

武帝意欲东伐北齐，宇文宪知道后，即赞成其事。大军将要出发

第三章 杨坚对你说竞争

时，宇文宪又以自己私财作为助军之费。

宇文宪觉得上述作法仍不能完全取信于周武帝。他知道周武帝现在最关心的是江山社稷的安稳。如果能在武帝身边挖出一个威胁帝位稳固的人，而这个人现在正被武帝所重用、所信任，那武帝将会多么高兴！他也将会因有大功于周朝而被信用。

所有将相大臣中，谁正居高位，受当今皇上青睐，而又能被安上威胁皇位的罪名呢？

他想到了杨坚。

论地位，杨坚在武帝刚即位时，就被提为左小宫伯。后出任隋州刺史，进位大将军。杨忠死后，又继父爵为隋国公。

论影响，杨坚母亲生病，杨坚日夜守护床边，端汤喂药，问寒问暖。被世人称为纯孝。

论被武帝信任的程度，建德二年（公元573年）九月，即武帝亲政的第二年，他就将杨坚的女儿纳为皇太子妃。杨坚与周武帝成为儿女亲家，也就是当时人们所说的外戚。周武帝这样做，就是发现儿子不才，需要择贤者对其加以影响、训导。

杨坚不但居高位，受信任，而且最有可能被加以威胁帝位的罪名。第一，杨坚有奇特的外表，可以利用方术作许多文章。第二，周武帝所信任的另一个勋臣王轨，也对杨坚深为不满。

一天，宇文宪陪武帝闲聊，他们从太祖宇文泰扯到了宇文护，从宇文护扯到了北周的江山社稷。突然，宇文宪问武帝：

"陛下，您不觉得有人在威胁着您吗？"

"谁？"武帝不禁大吃一惊。

"杨坚。我看他相貌异于常人，额头五龙腾跃，双目闪亮如星。我每次看见他，都不禁自失常态。这个人恐非久居人下，应尽早除之。"

"噢，"武帝语气顿时轻松了许多，"以前相面的不是说他位不过柱国吗？"

谈话没有达到宇文宪预期的目的，然而，杨坚相貌不凡，恐非久居人下的流言却像长了翅膀一样，被人们传来传去。

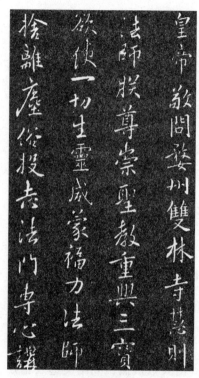
隋文帝杨坚手迹

一日，周武帝宴会文武群臣。平时豪饮海量的王轨这次却意外地显得不胜酒力。没喝几杯，便酩酊大醉。只见他摇摇晃晃地站起来，趔趔趄趄地走到杨坚旁边，一把将杨坚头上的帽子打掉，露出他那宽大的额头，醉熏熏地说："我看看这是什么东西的头额。"此刻，杨坚清楚地意识到，王轨没有醉，他是借醉态提醒周武帝看看杨坚的非凡之貌。好在周武帝以为王轨真的醉了，并没有在意，只是说了一句："头额虽大，也大不到哪去。"

王轨见暗示不成，干脆明挑。几天后，他找到周武帝，对他说："杨坚貌有反相，若不除之，必遗患无穷。"但周武帝仍不以为然。

流言继续扩散，不知怎么，皇后也听说了。她把杨坚召进宫来。皇后见到杨坚，举手拍了拍自己的前额。杨坚不知皇后何意，不知如何是

第三章

杨坚对你说竞争

好。武帝说："皇后要看看你的头额。"杨坚只得摘下帽子，请皇上皇后御览。

古话说，三人疑之，曾母投杼。周武帝即使对杨坚再信任，也难免不发生疑惑。杨坚真有帝王之相吗？他将来真会取周而代之吗？

为解心中疑惑，周武帝请来了相者来和。

来和是京兆长安（今陕西西安附近）人，自幼学习相面之术，是长安城中有名的相者，还撰写过一本40卷的《相经》。周武帝让来和躲在密处偷看杨坚，来和看过以后说："臣观杨坚之相貌，乃是一个守节忠臣。他适合作总管、大将之类的官。如果作总管，能肃静一方，如果作大将，则能全军破敌。"经来和这样一说，周武帝心里又踏实下来。

相貌风波虽然平息，但杨坚却仍有一种隐隐约约的不安，他总觉得事情似乎并没有结束。果然，没过多久，又发生了令杨坚心神不安的事情。

周武帝建德六年（公元577年），北周军攻破北齐国都邺城，皇帝高纬也做了俘虏。但北齐的残余势力仍负隅顽抗。齐任城王高湝、范阳王高绍义分别占据冀州（今河北冀县）、定州（今河北定县），拥兵不降。周武帝派宇文宪、杨坚率兵征讨。高湝兵败被擒，高绍义逃入北方突厥。杨坚因功被任为定州总管。

就在杨坚任定州总管后，京城里又传开了这样一个故事：据说定州的西城门在北齐时一直是关着的，20多年以前，北齐文宣帝高洋在位时，有人建议把城门打开，以方便人们来往。高洋说："不行，只能等出了圣人亲自来开。"

别人可以把这件事当做故事津津有味地听，而杨坚听了却如坐针毡，心惊肉跳。因为他进定州城时，城池是四门大开的。这不是在向人们暗示，杨坚就是当今新出的圣人吗？皇上听了这个故事，还能容得了他吗？杨坚立刻想到了谁是这个故事的始作俑者，因为这个故事编得实在不高明。试想，岂有一座城池，几十年都无缘无故地紧闭一门的事呢？即使有什么宗教禁忌，人们避邪驱祸的办法总是有许多，怎能忍受几十年城门不开给他们造成的不便呢？再说，北齐文宣帝高洋的为人众所周所。20多年前，正是他认为天命在己，逼着东魏皇帝把帝位"禅让"给他。吏部尚书高隆之，因对高洋接受魏禅持有异议，深遭高洋忌恨，被虐待致死。杜弼在高洋登位之前也劝他不要急于称帝，以免给关西宇文泰以兴兵的口实，后被高洋斩杀。像高洋这种人，怎能否认自己是圣人，而等待别的圣人呢？

正当杨坚为定州西门的传说而感到焦虑不安时，京师中又有一首歌谣广泛流传开来。歌谣这样唱道：

白杨树头金鸡鸣，只有阿舅无外甥。这首歌谣简直就是为定州城门传说火上浇油。歌中的前一句，含有一个"杨"字。后一句的"阿舅""外甥"，正合杨坚家与皇太子宇文赟的关系。杨坚心里非常明白，这是有人在使用谣谚杀人法。

谣谚也能杀人？是，谣谚不但能杀人，而且有时甚至比钢刀还厉害。杨坚的好友韦孝宽用谣谚杀死北齐斛律光之事，杨坚至今记忆犹新。

斛律光是北齐著名的勇将。武平元年（公元570年），斛律光率军与周军在洛阳附近展开激战。他被坚执锐，身先士卒，杀败周将宇文桀，一直打到宜阳（今河南洛阳西南）。斛律光得胜回师，周军一直跟踪其后。当大军行至安邺，斛律光突然杀一个回马枪，使周军折兵损将，溃

不成军。到这年冬天，斛律光一直打到定阳（今山西吉县），在定阳至宜阳一线与周军对峙。第二年，周将韦孝宽率步骑军一万多人与斛律光战于汾水之北，被斛律光杀得大败，损失以千计。斛律光因功被拜为北齐的左丞相，封爵清河郡公。斛律光虽百战百胜，也不是无懈可击。他是武人出身，性格暴躁，对他所不满之人常常怒形于色。北齐后主有两个宠臣，一个叫祖珽，是个瞎子；一个叫陆令萱，是个女巫。斛律光常说，"盲人入，必破国，"因此深遭祖珽忌恨。他又拒绝了陆令萱给儿子说亲的请求，因此引起她的不满。这一切被韦孝宽得知后，他立刻编了两首谣谚，派间谍到北齐京城中散布。一首谣谚这样写道：

"百升飞上天，明月照长安。"

古代百升为一斛，谣谚前一句暗含一个"斛"字。"明月"是斛律光的字。这个谣谚的意思说斛律光要飞黄腾达，登上最高权位。第二首谣谚又说：

"高山不推自崩，槲树不扶自竖。"

这首谣谚前一句有"高山崩"，而北齐的皇帝就姓高。后一句有"槲树竖"，而"槲""斛"二字音相谐。这两首谣谚就足以使北齐后主恼怒不已了，而祖珽听到谣谚后，唯恐传不到皇帝耳朵里，就又加了两句：

盲眼老公背上下大斧，饶舌老母不得语。

陆令萱听到这些谣谚后，认为盲眼老公指祖珽，饶舌老母指自己，便将这些谣言告诉齐后主，并且说："斛律光家世代为朝廷大将，他本人威震关西，他弟弟因伐突厥而负盛名，他的女儿为皇后，儿子又娶公主，因此，这些谣谚不能不信。"齐后主听了这番话，果然对斛律光生疑，最后将他杀掉。

如今，杨坚正处在当年北齐斛律光的处境。他在北周也居显要位置，女儿也是未来的皇后，他的兄弟们也被封公赐侯。谣谚这把锋利的软刀也架在他的脖子上。

历史上的一些相似情节往往反复重演。

但相似不是相同。相似包含着差别，而差别，有时甚至是细微差别，也会导致不同结果。在这点上，杨坚是幸运的。周武帝不是齐后主。他雄才大略，完成了统一北方大任后，又策划着结束南北分裂的局面，他没有时间、没有精力、甚至没有兴趣去为那些传说、谣谚伤脑筋。谣谚、传闻对杨坚的威胁解除了。

宇文赟即帝位后，先后诛杀了宇文宪、王轨、宇文神举、宇文孝伯等人。宇文赟对他们的诛杀，完全出于对他们的忌恨，但客观上对杨坚有利。此时，杨坚又是皇帝的外舅，按理说应该高枕无忧了，但宣帝宇文赟完全不像他父亲，他猜忌、酷虐、荒淫。杨坚的女儿虽然是他的皇后，但他当上皇帝后却又另有新欢。

宇文赟共有五位皇后：

杨坚的长女杨丽华，在宣帝宇文赟登位前为皇太子妃，宣政元年（公元578年）六月，被立为皇后。宇文赟自称天元皇帝以后，杨氏为天元皇后。她是宣帝最早的皇后。

朱满月原来是为宇文赟掌管衣服的侍女，宇文赟为皇太子时与她交好，生下个儿子，就是后来杨坚辅佐的周静帝。宇文赟为天元皇帝后，被立为天大皇后。

陈月仪在宇文赟登位后被选入宫，封为德妃，一个多月后，被立为

隋文帝扩建的大兴善寺

天左皇后，后改为天左大皇后。

元乐尚与陈月仪同时被选入宫，被封为贵妃。一个多月后，被立为天右皇后，后改为天右大皇后。

尉迟炽繁是尉迟迥的孙女，原来是杞国公宇文亮的儿媳。尉迟炽繁天生丽质，宇文亮是皇族成员，尉迟氏也因宗族之妇的身份入朝，被宇文赟看上，后来宇文亮谋反，宇文赟诛杀了他们父子，把尉迟氏据为己有。后来，又立她为天左大皇后。

五位皇后中，杨氏名分虽高，已属老夫老妻。朱氏长宣帝10多岁，属色衰失宠。宇文赟宠幸的重心偏向了陈、元、尉迟三人。他开始对杨氏不满，曾经将她赐死，逼着她自杀。他曾怒冲冲地对杨氏说："我一定要灭掉你们全家。"长期的精神折磨，使杨丽华变得面黄肌瘦。宇文赟见此，便把杨坚召进宫来，让他们父女见面。他派人暗中观察，并吩咐左右：如果见杨坚有一点情绪上的变化，立刻抓起来杀掉。杨氏见到杨坚，强忍住内心的激动，以娴静、安详的举止在父亲面前作戏。她又对杨坚说，皇上对她很好，让他不要牵挂，否则会将身体搞垮。聪明的杨坚早已看出女儿的变化，但他从女儿的表现及言谈中看出了她的意思。他一点也没有失态，始终神色自若，谈笑自如。

杨坚面对官场竞争利用自己的才智、自身的聪慧，使杨坚从宣帝布置的陷阱中转危为安，求得生存。

在现实生活中，有些人很容易放弃竞争，承认失败，到最后心如枯井、无欲无求、安于现状、苟延残喘，只好做一个大家看不起、就连自己也难以满意的"人下人"。

当今社会是一个竞争的社会，是一个提倡公平、文明、高层次竞争的社会，是一个以竞争为荣的社会。如果你是一个惧怕竞争的人，恐怕你将无法立足于社会，因为竞争是一种社会的客观存在，是人类社会的发展规律之一。从古到今、从自然到社会，无处不存在竞争，"弱肉强食、适者生存"，这是自然界的规律，对人类社会也有一定的意义。

现代商品社会中的竞争，体现为激烈紧张有时甚至是残酷无情，但又极具有价值和意义。这种公正性的竞争使整个社会充满了生机、活力，使社会发展和进化。所以竞争是必然的，是社会前进的发动机，是社会发展的防腐剂。

一个人放弃竞争，无异于放弃自己，既对自己不利，对社会而言也是一大损失。

要想在事业上成功，你就必须直面竞争，直面惨淡的人生。每个成功者的身后都留下了一串串竞争的脚印，付出了超乎常人的努力，才取得了成功。

这个世界是一个强者的世界，既然人人都无法逃避竞争，不如挽起袖子、放开手脚，大大方方、认认真真地去投入竞争，这才是正确的人生道路。

竞争中的知己知彼

竞争能让一个企业成长，但竞争并不意味着不择手段，盲目地竞争只会使自己陷于孤立，正确的做法是要对所要竞争的人进行分析，以便做到知己知彼。

在杨坚的政治生涯中，也有不少竞争对手。如：

司马消难，字道融，河南温县人；曾在北齐任北豫州刺史，后来受到齐文宣帝猜疑，便背齐投周。他有一个女儿叫司马令姬，在北周大成元年（579年）七月嫁给周静帝，并被立为皇后。因而司马消难也是北周皇家外亲。而且司马消难又是郧州总管，这势必使司马消难更加关心周朝的命运。

王谦，字敕万，太原人。王谦的父亲就是王雄，他早在北魏末便随六镇鲜卑人贺拔岳入关，是西魏初十二大将军之一。西魏恭帝元年（554年），赐姓可频氏。北周孝闵帝时，又进其位为柱国大将军，任少傅之职。周明帝时，又进封为庸国公，任泾州总管、泾州刺史等职。北周保定四年（564年），王雄随宇文护东征北齐。王雄虽患病，却英勇杀敌，最后中北齐斛律光冷箭，因伤势过重而亡，被加谥曰"忠"。王谦

盛世先导

杨坚有话对你说

却不如其父，他虽性恭温和，但并没有多大才能。他任庸国公是承袭其父的爵位，后来又被任为骠骑大将军、开府，以至后来的上柱国、益州总管，这些多少都因其父王雄的功劳。而王雄的功劳只有北周王朝才承认，如果北周被杨坚取代，王谦就会失去因其父亲的功劳而拥有的高官显职。

在政治斗争中，利益关系决定着政治态度，这两个人与北周千丝万缕般的利益联系，决定了他们很有可能起来反对杨坚代周。而更为重要的是，这两个人之所以可能公开起来反抗，是因为他们手中握有重兵，独占一方。他们完全可以割地为王，成立自己的独立小王国，从而将本来完整的北周重新瓜分，或者挑起"为北周王朝讨伐国贼"的旗号来反对杨坚。

这些危险的势力对杨坚建立新王朝的行动构成了强大的威胁，这也将是宇文家族的党羽在北方各地公开进行的力量最强的军事对抗。杨坚明白问题的严重性。但是，他毕竟是一个很有头脑的人，他开始从各个方面对这个问题进行认真分析。

首先，杨坚认为自己要建立自己的王朝就必然遭到这两个人的反对，就这一点，他们两个人态度会是一致的。他们有着共同的利益，为了共同的利益，他们将可能在必要时联合起来共同反对杨坚。

但是，杨坚又注意到，他们又有着不同的心理动态和精神压力。

杨坚对司马消难、王谦两人逐个进行了分析。

对于司马消难，杨坚认为，按常理，自己取代北周后，司马消难将失去皇后之父的地位，一定会反对他。但杨坚同时又认为，到目前为止，还不能肯定这一点，因为主要有两个方面的原因会使司马消难犹豫

不决。第一，杨坚的父亲杨忠与司马消难的关系非同一般。当初，司马消难受北齐文宣帝猜疑，是父亲杨忠冒着生命危险将他从北齐接到北周。从此，他们结下了兄弟般的情谊。而杨坚自己也常常以叔父之礼待他。这就是说，这种感情关系对司马消难起兵反对杨坚会有极大的影响。第二，家庭亲情关念淡薄是司马消难的性格特点之一。司马消难生活作风极坏，还在北齐时，他就与其父的爱妾通奸，乱了人伦关系；他曾娶高欢之女为妻，但入关后，他又另寻新欢，渐渐疏远了妻子。他出任郧州总管，宁愿留下高氏及其三子在京作人质。难怪高氏怨恨地说："荥阳公（指司马消难）性多变诈，今日将新宠带走，必然不顾我们母子的死活。"如此看来，只要给他一定的地位，满足他的享受需求，女儿是否为皇后他不一定在意。可以说，司马消难就像一个无法确定质量的砝码一样，使杨坚暂时无法决定他可能采取的行动。

至于王谦，反对自己代周是一定的。但杨坚认为，此人才干平庸，素无谋略，他的一切地位只是因其父亲的功劳而得。更令杨坚高兴的是，王谦有一个极大的弱点，就是不能知人善任。杨坚同时又分析了王谦所管辖的势力范围。的确，他所镇守的益州，地势险要，是一个易守难攻之地。不过，如果是一个雄才大略之人拥有地势险要的条件，那将是一件好事；而像王谦这样一个平庸之辈，则只会因此而高傲自居，掉以轻心，最终成为一个祸根。因此，可以说，对于王谦，根本不需太多的顾虑，只用少量的人马去牵制他，待到时机成熟时再发兵消灭他即可。

真正让杨坚感到难对付的还有一个人，叫尉迟迥，他在杨坚心中是危险的人物。

第一，尉迟迥所任的相州总管是权力最重的总管之一，在北周朝廷中

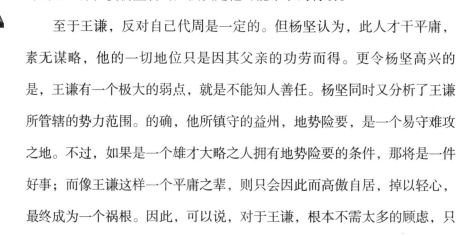

拥有举足轻重的地位。相州是北齐旧都邺城所在之地。想当年，周武帝平齐后，在北齐旧地设置10个总管府，只特别让相州、并州两总管设置行宫及六府官。可见相州在北周的重要地位。而尉迟迥能担任有如此重要地位的地方总管，就足以看出他的权利和地位是北周朝廷中少有的。

第二，尉迟迥的才干、品格、素质与王谦、司马消难不同。他自幼聪敏，长大以后，心怀壮志，并能礼贤下士。早在西魏初他就因战功卓著而被任为尚书左仆射、领军将军、大将军等职。不过，尉迟迥的才干集中体现在伐蜀治蜀当中。那是在南朝梁元帝时，梁元帝的弟弟武陵王萧纪在蜀称帝，并率军东下，进攻正在江陵的梁元帝萧绎。梁元帝匆忙向西魏宇文泰求救，并请求西魏消灭萧纪。当时，宇文泰想乘机取得蜀地，但在朝会中，诸将意见不一。而尉迟迥表示坚决支持宇文泰。他认为，萧纪率军全力东伐萧绎，必定抽出全部精锐，蜀地必然空虚，我军若伐蜀，一定有征无战。宇文泰听了非常高兴，当即问道："如果我将伐蜀之事全权委托给你，你将用什么策略顺利完成这场征伐？"尉迟迥果断地答道："蜀地与我中原相隔已有一百多年，蜀军倚仗其山川险阻，必然不会想到我军会突然前来征伐。我若取蜀，便用精甲锐骑，星夜袭之。在平路上可倍道兼行，至险途则可缓兵渐进，然后出其不意，直取其首府。"宇文泰大喜，便让尉迟迥亲统六军伐蜀。尉迟迥率军入散关，取剑阁，下潼州（治所在今四川绵州），直逼成都。最后，仅用数月便取得蜀地。尉迟迥入蜀后，号令严明，军无私掠，明赏罚，布恩威，绥缉新邦，经略未附，蜀人都愿意归顺于他。所有这些在杨坚的脑子里都留有深刻的印象。

第三，尉迟迥与司马消难截然不同，他特别注重家庭亲族关系，尤其孝敬其母亲。他虽身在外地，但所得四季甘美食品，必先奉献给其母，然后才自己吃。其母有病，尉迟迥便每天侍奉起居，还整天为母病忧愁不乐。他当然不会忘记同北周朝廷的舅亲关系，如果谁破坏这种关系，他必然会坚决反对。

第四，尉迟迥手中握有重兵。这也是尉迟迥能坚决起来与杨坚对抗的最关键的因素。可以这样说，即使不存在亲情关系，像尉迟迥这样有才干，又雄怀大志的人也会在混乱中借机扩大自己的势力，甚至会有更大的野心。由以上四点看来，杨坚认为，尉迟迥肯定是自己真正的死敌。

隋文帝杨坚果断分析竞争对手，认清敌人，知己知彼才是他在朝中掌管大权的关键。

杨坚就是通过知己知彼才取得了胜利，那么我们在现代企业中要与竞争对手过招，知己知彼同样是重点，以便制定进攻策略，不打无准备之战。系统搜集竞争对手的信息，分析竞争对手的优劣势，寻找对手的薄弱环节进行进攻。尽可能多地获取竞争对手的信息。利用因特网、竞争对手的各种销售渠道、终端、对手举办的各种研讨会和新闻发布会、自己的社会关系网和业务网络、相关的行业协会、各种展销会等渠道，都可以搜集到自身需要的有关竞争对手的产品、价格、渠道、促销、终端、服务、组织与管理等全面的信息。情报信息的分析是自身竞争情报活动中最重要也往往是最薄弱的环节，其中包括预测在对竞争对手控制的进攻过程中可能出现的机遇、问题、困难，对竞争对手的进攻过程出现问题后的对策进行提前设计。信息分析属于研究类信息工作，只有通过研究和分析，才能为对竞争对手的进攻提供切实可行的行动方案。竞争信息系统的建立和实施要做到两个原则：实用、有效。

那么在现如今如何认识竞争对手，以便进行分析、应对，制定策略呢？下面几个问题应该把握好。一是可衡量性：就是指对竞争对手控制的市场上消费者对商品需求上的差异性要能明确加以反映和说明，能清楚界定，能够从竞争对手控制的市场中再细分出若干个小的市场，细分后的市场范围、容量、潜力等也要能定量加以说明；二是可占据性：应使竞争对手控制的市场中细分出来的市场的规模、发展潜力、购买力等都要足够地详细地掌握，以保证进入竞争对手控制的市场后有一定的销售额，同时自身也有相应的能力与资源等去占领其中的某个细分的小市场；三是相对优势性：计划占领的竞争对手控制的细分目标市场要能保证自身具备一定的优势并在相当长的一个时期内保持经营上的稳定性，避免在进攻竞争对手控制的市场时反而给自身带来风险和损失，保证自身利益的长期性和稳定性。

我们不妨一起看看血尔进攻红桃K（两家医药产品）的成功案例。

血尔成功进攻红桃K控制的市场，使得血尔在很多大中城市的市场销量已超过红桃K，并迅速成长为补血产品市场的第二品牌。其成功的原因主要是以下几个方面。

一是在卖点的提炼上是反其道而行之。红桃K的广告宣传是"红桃K，补血快"。血尔却倡导的是"补血功效更持久"。

二是在广告媒体选择上采取立体作战的形式。红桃K以最适合农村的载体——墙标及车贴为主。血尔则以电视、日报作为其主要媒体，更多的是，从高空媒体到报纸，抢尽了都市女性的"眼球"。

三是利诱经销商抢占渠道资源。红桃K留给经销商的利润空间不大。血尔则以厚利对经销商以利诱，他们开出的利润空间是：零售价比出厂价高出3倍左右，这足以让经销商心动，诱导经销商不遗余力地进行大力销售血尔。

四是选择红桃K城市市场的软肋进攻。血尔通过分析红桃K的市场战略意图后，首先将战场从红桃K控制的广州、深圳、福州、厦门等经济发达的大中城市撤回。战线没有拉得过长，毕竟红桃K是市场主导者，自知不是红桃K的对手，如果一上市就遭到它的打击，其后果不敢想象。血尔只得悄悄地在海岸线上迂回，进驻红桃K的市场"盲点"。血尔的城市攻略无疑是成功的，其销量直线上升，开局得胜！

通过市场细分来从竞争对手控制市场里发现新的市场空隙，在市场竞争同质化的时代，采取差异化营销，别出新意便显得更为重要了。为了更为有效地在竞争对手控制下的市场打击竞争对手，就要善于从竞争对手控制里发现空白市场，确立自己的目标市场，自身可以对竞争对手控制的目标消费者进行分类，通过对产品功能分类，对消费人群分类、对消费习惯进行分类，对服务需求进行分类，并从这些不同的分类中发现竞争对手的弱点并集中火力进行重点攻击，并从中找到机会和市场。

所以，不管在职场、官场、商场中面对任何竞争对手，都要冷静分析，以便制定进攻策略。这才是战胜敌人的法宝，自己不败的关键。

竞争要坚持与隐忍

当面对竞争时，学会一定的坚持与忍耐也是很重要的。下面就看看杨坚图谋霸业过程中的坚持与忍耐。

孝闵帝元年（557年），杨忠进封为随国公，官职为御正中大夫。作为实力派的杨忠，宇文护一直把他视作眼中钉。

这年杨坚17岁，被任命为右小宫伯，晋封大兴郡公，正式踏上仕途。

我们的主人公杨坚就是在这样的政治大环境里进入政坛的，其处境可想而知。他怀着17年沉淀的热血，邂逅尘世最冷的冬季，艰难地实现着自己年少时就立下的雄心壮志。

杨坚的职位是小宫伯，就是给国家一把手当贴身侍卫。按常规，一参加工作就这么靠近权力中枢，应该能够迅速得到提升。

事实绝非想象得那么简单，杨坚的这个官当得并不容易，因为皇帝说的不算，宇文护一手遮天。杨坚在两难中徘徊着，如果倾向于宇文护吧，说不准宇文护哪天倒台，将来势必会受牵连；如果和皇帝走得太近，掌握大权的宇文护肯定饶不了自己。

每逢朝会，作为皇帝贴身侍卫的杨坚佩戴整齐，威严地立于两班卫士前面。但是，威风凛凛的背后，个中滋味，旁人是体会不到的，只有杨坚自己明白。

宇文护让杨坚担任小宫伯，初衷就是想让他成为武帝身边的"探子"，如果有杨坚这样的优秀人才帮衬着，对于宇文护来说，无疑是如虎添翼。

对于当还是不当宇文护的"探子"，杨坚拿不准主意，立即和父亲商量。杨忠告诉儿子，最好的办法就是不要和宇文护闹翻，不得罪也不巴结，对皇帝也不要过分亲近。在权臣和皇帝中间走平衡路线，不要卷入政治斗争的漩涡，或许还能躲过一些不必要的麻烦。杨忠特别叮嘱

儿子要事事低调，和任何人都不能直接发生冲突，内心深处的想法必须要隐藏好，不拉帮结派，大事不参与，小事装糊涂，要给人一种淡泊名利、无心政治的假象。

武帝即位（560年）后，20岁的杨坚从右小宫伯改任左小宫伯，虽然是扶了正，事实上左、右宫伯并没有多大的变化。

岁月如梭，保定元年（561年），长女杨丽华出世，当了父亲的杨坚再也不是当年那个意气风发的少年郎了，虽然才20出头，但是，脸上已经布满了沧桑。

在这期间，杨家整天心惊胆战，日子过得特别不如意，因为宇文护经常对杨家故意刁难。宇文护诛杀元老使杨忠颇为害怕，于是他选择低调工作，不参与朝中斗争，保护自己，以免被宇文护抓住把柄。

保定三年（563年），突厥进犯，杨忠为了回避朝廷斗争，主动请缨出兵塞北。不愧是老将，杨忠一出征，兵锋所指，突厥兵败如山倒。

第二年，北齐也来进犯，杨忠率领大军，将北齐的防御工事攻破，数日攻下北齐二十余城，杨忠一战而荣获了显赫的声名。

武帝对杨忠的战功赞赏有加，想封他为太傅，而宇文护一直对杨忠父子不远不近的态度耿耿于怀，在封赏杨忠这件事上，从中作梗，后来这个官就未能封成。结果，拜杨忠总管泾、豳、灵、云、盐、显6州诸军事，离开京城，到泾州当刺史（州长）。

杨家所受到的不公正待遇，刺痛了杨坚，他从心灵深处仇恨宇文护。同时，杨坚深深地了解了北周政权派系斗争。他的政治理想受挫，空有一腔爱国热血却不被人所知，他时常无助地仰望着苍天长吁短叹："我杨家还有出头之日吗？"也许这时候，杨坚就已经有了反叛之心。

杨坚每天过着胆战心惊的日子，身边的一个个同伴官位年年攀升，而杨坚一直被雪藏在起家的官位上，整整8年没有升职。此时的杨坚，是太学同班同学里混得比较惨的一个。

保定五年（565年），宇文护心血来潮，将8年没有升职的杨坚晋升为大将军，25岁的杨坚被派到随州（今湖北省随州市）当刺史（州长）。此次出任，他没有带着妻儿，因为路途遥远，杨坚想把一切都安顿好之后，再作打算。

随州地处偏远，但易守难攻，北周、陈朝两军曾一度为争夺这块宝地战事不断。北周为了更好地守住这块地盘，调整了荆、襄一带的机构，把荆州（今湖北省荆沙市）、安州（今湖北省安陆市）和江陵总管隶属于襄州（今湖北省襄樊市）总管府。随州也归襄州管理，并以武帝的亲哥哥宇文直出任襄州总管（军区总司令）。杨坚一到随州，立即拜谒新上司宇文直。

宇文直是宇文护的党羽，不可一世，并没有瞧得起从大老远赶来的杨坚。看来，杨坚在新的工作岗位上，又一次面临着不可预知的危险。

出于礼节，宇文直三天后派部下庞晃对杨坚进行回访。

庞晃是宇文直手下的一名大将军，但他对宇文直并不是愚忠，他对事物有着敏锐的判断力，也有一套自己的处事方法。他一见到杨坚，就被其不凡的气度吸引住了，他相信杨坚绝非平庸之辈，二人越谈越投机，于是成为知己。在当时，能看好大志难抒的杨坚，这对于庞晃来说是很不容易的事。

谁知，杨坚还没坐热随州刺史的那把交椅，一封火急火燎的调令又摆在了他面前——速速回京。

第三章
杨坚对你说竞争

119

　　杨坚返京的途中，再次路过襄州，此时的心情，可以用"万分沮丧"来形容。没想到庞晃前来迎接他，杨坚心头不由得一阵暖流流过，便把庞晃作为上宾请到住处，热情招待。酒酣饭饱，庞晃对杨坚耳语："兄长吉人天相，将来一定成就大业。如果兄长有一天能君临天下，千万别忘了小弟。"

　　庞晃预言杨坚将来要当皇帝，可以说是掉脑袋的话，要是让别人听见，即使是浑身是嘴，也说不清楚了。没想到，杨坚没有生气也没有反驳，反而默默无语。两人从日暮喝到晨曦微现，雄鸡报晓，觥筹交错中，两人的感情更加坚固。

　　回到京城，朝廷的空气好像都凝固了，有凝重的窒息感和压抑感。宇文护也不给杨坚安排职位，一直让他失业在家。一段时间以来，杨坚每日里在郁闷中消磨，在彷徨中度日。花开花落，秋去冬来，眼看自己都要到而立之年了，正是建功立业的年龄，却赋闲在家无事可干，能不着急吗？

　　至天和三年（568年）的春天，杨坚已经赋闲在家快三年了，这时，母亲吕苦桃病危，杨坚日日夜夜守护着母亲。母亲见到儿子这般孝顺，乐得合不拢嘴，病情好了一半，杨坚悬着的心这才放下。

　　经过一番深思熟虑，杨坚觉得反正现在也无事可做，干脆顺水推舟，继续在家侍奉生病的母亲。杨坚认为，这样做可以一举三得：一来可以在母亲床前尽孝；二来深居简出，以防遭受宇文护的打压；三来可以就近观察朝中大事小情，及时了解局势的动向。

　　不久，杨坚便博来一片"纯孝"的赞誉，堂堂一个大将军在家侍奉母亲的不平凡事迹，一时间被天下人传为美谈。宇文护听了越发忌恨，杨坚在朝中没有立足之地，在家尽孝也不行，看来真是左右两难啊。

也就是这一年，在外地任职多年的杨忠身体突然不适，回到京城后不久就离开了人世。杨坚承袭了父亲的爵位——随国公，成为杨家的大家长。

父亲一向是家里的顶梁柱，没想到，顶梁柱突然倒了，杨坚感到一下子失去了主心骨。父亲在世的时候，自己有什么难处或者是苦闷，和父亲念叨念叨，父亲总是可以给自己以鼓励。

确实，父亲就像太阳，时刻温暖着自己，给自己力量，给自己生存下去的勇气。父亲去了，杨坚一闭上眼睛，父亲的音容笑貌历历在目。他觉得要想实现那个辉煌的梦想太难了。

杨坚秘密访问著名术士来和，求助于卜卦。来和详细地询问了杨坚的近况，当他听到杨坚说只要一听到别人走路的声音就能分辨是谁的时候，立即大惊，故作神秘地说："这不是常人的耳朵，只有神人才有这样的功能啊！"

之后，来和又端详了一会儿杨坚的眼睛，又是一惊："您的眼睛就像耀眼的明星，无所不照，这是九五之尊的相貌啊。您再忍一忍吧！"

术士的几许慰藉，让杨坚悬着的心终于放下，他时常遥望着辽远的星空，双手合十，暗自祈祷："愿佛祖保佑我杨坚成为浩瀚苍宇中最璀璨的一颗星。"

残酷的现实又不能改变，宇文护的压制无时无刻不存在着，杨坚觉得自己每天行走在没有太阳也没有月亮的黑暗地带，前方一片苍茫，似是严冬的衰草地，又似是毫无生命气息的干裂沙漠。

接着，他又找了一些著名术士如张宾、焦子顺和董子华等，逐个找他们占卜，不料，这些术士竟然说出同一番话："您就是当天子的人

第三章
杨坚对你说竞争

盛世先导

杨坚有话对你说

才，千万要保重啊。"

杨坚如果没有13年在寺庙中的佛学教育，养成了他深藏不露、韬光养晦的性格，换作一般人，早就被巨大的政治漩涡给吞噬了。对于杨坚来说，即使内心里一百个不情愿，也不敢表现出来，硬是凭着这份坚持和忍耐，在这种恶劣的政治环境中安然无恙地生存下来。

贝多芬说："涓滴之水终可以磨损大石，不是由于它力量强大，而是由于昼夜不舍的滴坠。"成功就是别人都离开了你还在坚持。初学持之以恒，一笔一划，知其形却不懂其义。求学途中渐渐感受到这四个字的重量。青少年时面临年少轻狂的冲动和张扬叛逆的诱惑，让我们意识到坚持的痛苦，但也体会到它带来的好处。踏入社会在职场竞争的生存中则领悟到了锲而不舍的真谛。

坚持是一种艺术，是一种水滴石穿的勇气，是一种驰而不息的魄力，是一种矢志不渝的信仰。也许只是每天早起半小时，也许只需要时刻拉紧琴弦，也许只要求不时下下苦功。不积跬步，无以至千里；不积小流，无以成江海。早起可以不用为挤公车而烦恼，或许还可以散散步看看新闻；保持警惕可以不用为突发状况焦头烂额，或许还可以边喝茶边从容应对；下苦功不用为赶不上进度而担心，或许还有意想不到的收获。

职场竞争里信奉"每天多做一点"的哲学，每天多做一点，将会离机会更近一点，离成功也更近一点。职场里也离不开坚持，正如罗文，那个单枪匹马历经磨难把信送给加西亚的士兵。途中的困难和危险自是不言而喻的。任务的圆满完成不是因为他特别聪明，也不是因为他特别勇敢，只是源于他的忠诚与坚持，这印证了中国的一句古话："骐骥一跃，不能十步；驽马十驾，功在不舍。"

在职场竞争中忍耐也很重要，忍耐是一种美德，是一种锲而不舍的韧性，是一种大智若愚的智慧，也是一种无声无息的沉淀。曾有人问德川家康："杜鹃不啼，而要听它啼，有什么办法？"德川家康的回答是："等待它啼。"有如此惊人的理性和忍耐力，难怪德川家康能够由一介人质而为天下之主。能包容，方能接受和忍耐，然后才能战胜和克服。

有许多人把忍耐和倦怠、不关心、懒散混为一谈，其实不然，后者只是缺乏生命力的精神状态。相反，忍耐却是一种控制生命力的能力，而且是毫不混乱地把生命力诱导到目的地的能力。在人生面临困难的时刻，我们必须倾注全力、不屈不挠地追求目标，克制冲动、偏激、不能忍耐的性格缺陷，才能获得成功。勇气是着手去做的能力，忍耐则是再度挑战的能力，因为每小时、每分钟都必须重新面对不确定的状况。为了能够坚持到底，必须不断重复这种状况，必须忍耐逆境。

没有忍耐精神，是不能成就大事业的。懦弱、意志不坚定、不能忍耐的人，不能得到他人的信任与钦佩。只有积极的、意志坚强的人，才能得到人们的信任；要是没有大家的信任，事业的成功是很难获得的。世界上不怕没有意志坚定的人的位置，人人都相信百折不回、能坚持、能忍耐的人。

控制竞争对手

只有启程，才会到达理想的目的地；只有播种，才会有收获；只有竞争，才能脱颖而出。不过，在实际中，控制竞争对手比竞争本身更重要。

周宣帝的叔叔宇文盛，北周初被封为越国公。周武帝时被进爵为王。建德四年（公元575年）周武帝第一次东伐，宇文盛任后军总管。灭齐战役中，宇文盛率军连克北齐数城。北齐平后，任相州总管，以后又任大冢宰。周宣帝时迁为大前疑，又转为太保。大象元年（公元579年），周宣帝诏以丰州（治所在今湖北均县西）武当、安富二郡的万户邑为越国，令宇文盛就国赴任。

周宣帝的叔叔宇文达，性格果敢勇决，长于骑射。北周初年，被封代国公，后拜为大将军、右宫伯、左宗卫。周武帝亲政后，进位为柱国，又任荆、淮等14州十防诸军事、荆州刺史。建德三年（公元574年），进爵为王，出任益州总管。宇文达生活俭朴，饮食不尚奢华，不讲究排场。左右侍姬不过数人，穿戴皆很朴素。宇文达也不像其他人那样营求资产，家中没有积蓄。左右曾劝他不要这般清苦，他说："君子忧道不忧贫，何必整日为积财而劳心费神呢？"宇文达在生活上的通达，很为当时社会舆论称道，在士人中影响很大。周宣帝大象元年，以潞州上党郡（今山西长治市北）中的万户邑为代国，令宇文达赴任就国。

周宣帝的叔叔宇文迪，自幼喜爱经史，会作文章。北周初被封为滕国公，后拜为大将军。周武帝亲政后，进位为柱国，后进爵为王。建德六年（公元577年），宇文迪任行军总管与宇文宪一起征讨稽胡，因战功被升为河阳总管。宣政元年（公元578年），又被进位为上柱国。大象元年（公元579年），周宣帝诏以荆州新野郡（治今河南新野）万户邑为滕国，令宇文迪就国赴任。

周宣帝的弟弟宇文赞，字乾依，武帝初被封为汉国公，建德三年

（公元574年）进爵为王。周宣帝末年，任上柱国、右大丞相。

周宣帝的弟弟宇文赟，字乾信，武帝初被封为秦国公，建德三年进爵为王。周宣帝末年，任上柱国、大冢宰、大右弼。

周宣帝的叔伯兄弟宇文贤，字乾阳，武帝初被封为毕国公，建德三年进爵为王，任过华州刺史、荆州总管、柱国。周宣帝时，进位为上柱国、雍州牧、太师。

上述皇族宗室，都与皇帝血缘关系极近，他们有的是地方上的诸侯，有的在朝中握有实权。杨坚辅政后，对他们采取了三种办法。

首先，大象二年（公元580年）五月二十三日，杨坚以周宣帝病重为由，将赵、陈、越、代、滕五王从领地召回朝中。名为征召，但就陈王宇文纯回朝的经过看，早已失去了征召二字所表达的含义。征宇文纯回朝，是杨坚派自己的亲信崔彭去执行的。崔彭带着两名骑兵，在离陈国30里的地方停下来，假称有病，住在驿站中，然后派人进入陈国，对宇文纯说："崔彭奉天子诏书至陈，不料病在途中，不能支撑着前来。希望国王能屈身前往。"宇文纯对来人的话半信半疑，为防意外，便带了许多随从来到崔彭的住所。崔彭出门迎接，见到陈王带来这么多随从，立刻察觉出陈王对他的疑心，意识到陈王是不会轻易随他回朝的。崔彭决定采取迂回战术，他没有马上宣读诏书，而是诡秘地对陈王说："今上病重，特有一道密诏相宣，国王可摒退左右。"

宇文纯听后，便示意随从们退至远处。

崔彭又说："我这就宣诏，请国王下马。"

宇文纯的身子刚刚离开马鞍，崔彭便对一同前来的骑士说："陈王不服从征其回朝的诏书，将他绑起来！"

第三章
杨坚对你说竞争

两个骑士左右齐上，将宇文纯捆了个结实。

崔彭掏出诏书，大声对宇文纯的随从喊道："陈王有罪，我奉诏召其入朝，左右不得擅动，否则以抗旨论罪！"

众随从惊愕不已，但不敢抗旨，只得退去。崔彭回朝复命，受到杨坚的奖掖和提拔。

五个在朝外的诸侯王被陆续征回朝中，离开了积谷屯兵的领地，只有国王虚名，失去了实际权力。自被征入朝中至死，他们再没能回过封地一次。

其次是架空皇帝宗亲的地位。周宣帝的弟弟宇文赞是周武帝的皇后李娥姿所生。周武帝有两个皇后，一个姓阿史那，是北方突厥人；一个姓李，是南方楚人。前者生了周宣帝，后者生了宇文赞。周武帝的七个儿子，只有这两个人的母亲贵为皇后，宇文赞在众弟兄中的地位可想而知。杨坚辅政后，为顺和人心，并没有立即改变宇文赞的尊贵地位，而是进其位为上柱国、右大丞相。但杨坚是左大丞相，因为有百官听命于左大丞相的规定，所以右大丞相实为虚名，只是杨坚对宇文赞外示尊崇而已。杨坚辅佐新皇帝，宇文赞虽然也居禁中，与杨坚同帐而坐，实际上只是个摆设。后来，连这个摆设杨坚也觉得多余，便和刘昉商量出一个办法，客客气气地将宇文赞请了出去。一天，刘昉将几个家妓打扮得漂漂亮亮的，进献给宇文赞。宇文赞非常高兴，连连称赞刘昉的忠心。趁着宇文赞高兴，刘昉假装为他出主意，对他说："大王是先帝之弟，众人都对您寄予厚望。现在天子这样小，怎能担当大事！将来全都靠您了。然而现在情况很糟，先帝刚刚驾崩，人心纷扰不定，万一危及到您，大周的将来便无所靠。不如您暂时回家养尊，让左丞相稳住局势以后，您再入朝作天子，这才是万全之计。"当时不满20岁的宇文赞，哪里看得出刘昉甜言蜜语后面的真情，还真以为刘昉为他出了个好主意，便欣然接受，回家去做皇帝梦了。

最后是杀掉威胁最大的皇帝宗亲。新朝建立后，虞庆则劝杨坚尽诛宇文氏皇族，正合杨坚之意。于是一批宇文氏宗族皆被杀。

9岁的北周静帝宇文阐杨坚也不放过。开皇元年（581年）五月，杨坚下令害死宇文阐，以绝北周根苗。

宇文阐被害后，杨坚为之举哀，谥为静皇帝，葬于恭陵。

实际上，杨坚诛杀宇文氏皇族并非是在他称帝后才进行的，早在他入主周政后就开始了。杨坚是用宇文氏家族的血洗涤通往皇宫之路的。

大象二年（580年）十月底，这一年的冬季似乎比往年来得早。阵阵寒风吹过长安街头。

禁卫军接到大丞相杨坚的密令。灾难首先降临到陈王府，陈王宇文纯和他的三个儿子宇文禅、宇文让、宇文义被诛杀。此后一年多时间里，被诛杀的周朝宇文皇族及宗室共计51人。

通过以上手段，隋文帝杨坚把北周宗亲牢牢地控制起来，让自己在竞争中占到主导地位，为以后发展扫平道路。

如今企业面临竞争时如何控制竞争对手让自己处于优势地位，已成为现代企业经营者和管理者首先研究的事。依据经验，做好竞争对手调查项目，需平时做好对行业排名靠前企业动态信息的长期跟踪积累。在具体过程中，不妨做到以下几个方面：

第一，要明确勾画出各个跟踪对象的业务管理模式，并在此基础上对其动态信息进行有效率的归类管理。

第三章 杨坚对你说竞争

盛世先导

杨坚有话对你说

第二，信息收集既要包括典型"硬信息"的收集，还需"软信息"的收集，在同业竞争中，这些"软信息"与"硬信息"同样重要，虽然"软信息"的量可能比"硬信息"少得多。

第三，还需要收集企业行为和市场表现的有关资料。每个公司都有自己的经营特点，并以非常微妙的方式影响着企业的政策形成（从我们调研者的角度看，这些经营特点有时对企业有利，有时则对企业不利，不能一概而论）。

第四，在多数工作中，在收集信息时，需要考虑信息的表现形式和资料分析，如果不能进行分析，一个全是信息的数据库也没有用：原始信息本身是没有多少价值可言，唯有具备处理这些原始信息的能力才会产生价值。

第五，竞争对手信息来源有多种途径，常用的信息渠道包括：政府统计、银行、投资银行、专利机构、末端销售商、供货商、客户、公关代理公司、广告代理公司、研讨会、业界专家、专业协会/学会、证券商、行业监察机构/管理机构/执法机构、专业调查公司/机构、企业年报以及企业本身。需要指出的是应慎用行业分析文章、行业年度报告；至于在商业杂志、报纸等媒体上发表的企业公关性文章则往往夸大其辞，目的是提升在企业公众心目中的企业形象。另外，对于相对不够成熟的行业来说，统计资料的可靠性较差。所以，需要仔细考察信息的来源，并从中发现事实。

第六，在大量占有和综合分析案头资料数据的基础上，调查机构才能更好的理解客户的调查目的、内涵和外延，为实地调查创造良好的条件。

主攻强势对手

在竞争中会面对很多对手，要客观分析找出强劲对手一举攻之，不要在弱势对手面前浪费精力。文帝杨坚在四面受敌时，通过对错综复杂的形式冷静分析得出真正的对手——突厥。

四方告急！东面是高宝宁，漠北是突厥，西面是吐谷浑，南面是陈朝，他们虎视眈眈，恨不得把新建的大隋朝活生生地吞下去。

时间就是生命，必须在短时间内一一击破，否则后果不堪设想。

杨坚在朝堂之上向大臣分析："陈朝内部腐败，要想将其拿下，不在话下；吐谷浑这个民族还未开化，处于野蛮状态，更不是我朝对手；只有突厥最强大，加之和高宝宁结盟，所以这仗最难打。"

杨坚君臣确定了先打弱再攻强的作战方针，陈朝和吐谷浑成为首选的打击目标。

开皇元年（581年）3月，杨坚任命贺若弼为吴州总管（军区司令），驻扎广陵（今江苏省扬州市西北）；韩擒虎为庐州总管，驻扎庐江（今安徽省庐江市）。

韩擒虎在平定尉迟迥的叛乱时，屡次击败陈朝将领任忠、萧摩诃的大部队。

贺若弼也不容小觑，曾在韦孝宽的手下为将，攻打过陈朝江北之

地，威名远扬。和别的武将不同的是，贺若弼不仅骁勇，而且还会写诗，以灭陈统一作为自己平生最大的志向。他曾给一同镇守长江的源雄写过一首诗表达过杀敌立功的愿望："交河骠骑幕，合浦伏波营。勿使骐骥上，无我二人名。"

作为武将，这首诗算是写得很有水平了，诗中的"骠骑"指的是西汉骠骑将军霍去病，"伏波"指的是东汉伏波将军马援，贺若弼最大的愿望就是要像霍去病、马援那样建功立业。

杨坚下诏给安徽寿州总管元孝矩，部署了南线的作战方针："一定要'志存远略'，服从大局，把陈朝打败即可返回，千万不要穷追不舍，要保存实力攻打更强大的突厥。"

早在年初的时候，老将梁睿请缨伐陈，文帝就和他传达过对陈朝作战的意图：对陈朝先别急着打，一定要先忍忍，否则浪费兵力和精力就得不偿失了。因为目前陈朝还好对付，而头号劲敌应该是突厥。

杨坚所担心的并不是战争的胜负，就怕这些英勇的将士没命似的对陈朝大军穷追猛打，损失兵力。面对陈军老将陈纪、任忠、萧摩诃等的攻击，文帝一方面调派上柱国长孙览和元景山为行军元帅，对陈发起进攻，一方面派高颎奔赴前线，节度统军。对付一个不起眼的小小陈朝，按理说根本用不着高颎这个堂堂宰相出场，高颎上前线主要是掌控全局，监督诸将不要贸然激战以保存实力。

9月，隋军组织精兵对陈朝发起进攻，在长孙览、于凯、源雄和贺若弼等大将的率领下，初战告捷，江北失地迅速收复。

到了年底，隋军在长江北岸拉开大网式的布阵，如果再前进一步，就可渡江攻陈了。

隋军越战越猛，陈军被打得元气大伤，退居江南，压根不敢和隋军正面交锋。

陈宣帝本想收复淮南等地，没想到新建的大隋如此强势，被打得这般凄惨，顿时急火攻心，年还没过完就倒下去了，过了十日，便撒手人寰。

陈宣帝一死，陈朝内部大乱，为了争夺皇位，二皇子陈叔陵拿刀向太子陈叔宝行凶，差点得手。隋军看到陈朝内部大乱，想趁机渡江，一举荡平陈朝。

高颎动之以情，晓之以理，开导诸将："仁义之师，礼不伐丧，绝不乘人之危。"费了一番唇舌，才把诸将渡江灭陈的想法给压下去。

新皇帝陈叔宝每日里饮酒作诗，基本不理朝政，对打仗没兴趣，只想求个太平。为了表达诚意，就派使者去隋朝示好，归还以前攻占的胡墅等地。

根据文帝君臣制定的"志存远略"、先北后南的战略方针，高颎下令大军立即班师还朝。军令难违，全军将士遗憾地望着对岸的陈军，慢慢地挪动着双脚，真不忍放下唾手可得的胜利。

大约在南线对陈军作战的同时，隋朝在西北方向发起了对吐谷浑的攻势。

隋朝元帅为元谐，其余将领有行军总管贺楼子干、郭竣和元浩等。此次战役，文帝特别交代：保境安民，不扩张领土，要做仁义之师。

元谐率步骑兵数万人出击吐谷浑，吐谷浑国王吕夸征发国中的全部士兵，自曼头至于树墩，骑兵络绎不绝，吕夸所属的河西总管、定城王钟利房也率兵前来支持，皆被元谐击败。隋军狂追三十余里，斩杀俘虏

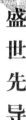

万余。吕夸大为恐惧，率领亲兵远逃。

按照计划，元谐适可而止，不再追击，派使者到吐谷浑，招其投降。善后事宜安排妥当后，隋军撤回，命大将贺娄子干驻扎凉州（今甘肃省武威），防止吐谷浑再次进犯。经过这两场战役，解除了来自南方和西方的威胁，杨坚也能稍微地睡个安稳觉了。

杨坚在面对竞争对手时，能从大局出发，冷静思索自己所面对的真正敌人，可见其聪慧之处。

如今是一个竞争的社会，我们会面临各式各样的竞争对手，竞争对手中有弱有强，把主要的力量和精力聚集到真正的强劲对手身上，那么作为领导者当面对众多的强势对手时，应快速多变，适应复杂不利的大环境。积极应对，树立和聚焦自己的优势，寻找和发现对手的弱点，找准策略，迅速灵活调整战术，化解当前种种困境，成功进行转型、升级，必然再造赢机，亦能取得局部优势，并逐渐扭转局面，从而胜利。

如今的管理者都深知自己的强势竞争对手，可是当面对他们时却不知如何下手，下面就介绍几点消弱强势对手的方法：

首先，寻求差距，努力超越。找到了差距，才能分清楚强弱，欲将自己由弱变强，就必须学会寻找自己与竞争对手的差距，分析优点与弱点，优势与强势，那些方面存在差距，知己知彼，方能百战百胜。但找到差距只是将弱变强的一个条件之一，在找到差距之后，要分析与研究如何缩小差距，并努力超越对手，只有超越才是真正将对手强势变弱势的基本方略和长久之计。

其次，扬长避短，突显优势。任何事物都有多种属性，即有强势的一面，必有弱势的一面，有优点必有缺点。发挥或发扬优点或有利条件，克服或回避缺点或不利条件是与对手进行竞争的一个基本策略。

第三，创新突破，力求差异。面对对手的强大的一面，有的情况不是你能通过努力短时赶超的，那么此种情况你就必须创新突破，独辟蹊径方能将自己变强，及将对手变弱。在创新方面，要根据对手的强弱方面决定，而差异化之路就是突破对手的一个捷径。

第四，精准定位，侧翼进攻。要经常分析自己和对手的优点和弱点，将对手和自己进行定位，即确定自己在整个竞争中的地位，是主动，是被动，有优势，还是无优势，优势在哪，缺点在哪，知道这些后，在竞争中一定不可正面对抗，即不能用我们的弱点比对手的强点，而是用我们的强势方面对对手的弱势方面。一不胜而再胜，一次没能取胜，但是两次取得了胜利，众所周知的田忌赛马的故事就揭示如何善用自己的长处去对付对手的短处，从而在竞技中获胜的事例。

第五，打破均衡，扰乱对手。竞争在事实上不是只有两方，往往有多方，那么打破均衡，实行多方竞争，让对手与对手竞争，进而扰乱对手，利用他人之力，消弱对手。当然，通过这种方法，若能让对手消弱对你的注意，也能使对手强势变弱势。

第四章

杨坚对你说 管理

　　管理是一门高深的艺术，任何经营成果的取得，都是在管理中应运而生的。为此，掌握管理的妙法，必将对企业的良好运作和稳步发展起到决定性的作用。文帝杨坚主政后，国家的繁华与昌盛可以说是和他的管理分不开的。因此，他的管理之道也值得如今企业经营者和管理者借鉴。

管理要精简

最简单的往往就是最好的。简单是一场信息革命，其任务是使复杂的事情简单明了，创造适当的指令，作为领导者管理也要精简。

历朝历代的统治者在面对其手中的政权时，必然会提出一种统治策略来加以贯彻施行，以求国泰民安，太平盛世。这种统治策略指的便是帝王对国家的治理思想。魏晋大乱后，南北朝分裂，"五胡乱华"的悲惨经历，使得隋朝建立前的整个社会处在了一种缺乏理性，丧失伦理道德的统治环境中。长期的分裂造成的道德沦丧和个人对社会的离异，使得文化教育重建的基础异常薄弱，然而建立了大隋王朝的隋文帝杨坚却试图在自己的统治下改变这种恶劣的环境。开国伊始，他就接受了苏威的建议，拉开了以孝治国的文化大旗。

史载，开皇初，纳言苏威曾对文帝说道："臣先人每诫臣云，唯读《孝经》一卷，足可立身治国，何用多为！"提出了以孝治国的思想，深得文帝赞同。儒家主张孝治天下，其理论建立在中国农村的家族关系上，也就是将血缘关系推广为社会关系，把家庭伦理升格为国家伦理，导孝为忠，变悌为顺，从而构建君—臣—民的绝对统属关系，而这种结果正是文帝心目中所追求的统治秩序，甚至为了巩固这种以孝治国的思想观念，文帝不仅亲临国子学讲《孝》，而且还要群臣以孝行事，柱国郑译就因与母分居而被文帝认为是不孝，结果遭致免官。文帝非常推崇秦国丞相吕不韦对《孝》经的认识，即"凡为天下，治国家，必务本而后末。所谓本者，非耕耘种植之谓，务其人也。务其人，非贫而富之，寡而众之，务其本也。务本莫贵于孝。人主孝，则名章荣，下服听，天下誉。人臣孝，则事君忠，处官廉，临难死。士民孝，则耕耘疾，守战国，不罢北。夫孝，三皇五帝之本务，而万事之纪也。夫执一术而百善至、百邪去、天下从者，其惟孝也。"其实，这种推崇的背后便是他对以孝治天下的认识，在他看来，执一孝术而天下可治矣。

细究文帝的孝治，其实质乃是专制集权思想的体现，事实上隋文帝的确将专制主义和国家干涉主义作为了主旋律，在统治隋朝时，始终以"孝治"贯穿始终。

随文帝杨坚的"孝治"精简思想在管理上可以说是别出心栽，也是国家繁荣昌盛的保证，作为现代企业的管理者更要做到这一点。

人的理想具有多面性。然而，人不可能什么都精通，所以在各方面的能力有弱有强；而且人的精力也有限，不可能一心多用，同时做很多事。因此，在企业管理中，希望达到什么效果是一回事，能做到什么程度又是另一回事。企业如果想在竞争中获得生存和发展的权利，最好的办法就是充分利用和发挥自己的资源、能力优势，做最擅长的事。要想变复杂为简单，就要大胆取舍，这是简洁化的成功法则。

在产品生产和研发方面，生产商一定要为顾客着想，如果要想使产品有市场，厂商必然要满足消费者的实用要求。所以在设计产品时一定要突出功能和技术，简单而实用。例如，在20世纪90年代，柯达公司生产的"傻瓜相机"占领了很大的市场，因为操作简单而被众多消费者喜

第四章
杨坚对你说管理

欢。他们曾经承诺："你只要按下快门，其他的事由我们来做。"为什么叫"傻瓜相机"呢？这是因为只要手会动，相机就会使用，所以即使是傻瓜也能操作，而且价格低廉，是照相机发展史上的一次革命。

随后，柯达公司为了方便他人，决定把这种简单的技术传授给全世界所有的制造商。柯达公司看似大公无私，但正如杜拉克说的："简单绝不意味着单纯。"所以柯达公司利用这一方式，不仅扩大了自己的市场，更是获得了丰厚的利润。

虽然，柯达公司2012年宣告破产了，但类似于柯达这些成功做法，还是值得借鉴的。

杜拉克曾说："许多人简单地以为，如果想把复杂问题简单化就是把信息和技术告诉别人，殊不知这样只是把问题弄得更复杂。"宝洁的管理层明白这个道理，正是他们生产出了多种洗发水，才把人们选用什么样的洗发水这个简单的问题复杂化。宝洁总裁达克·贾格尔曾经这样说："多年来我们给消费者制造了这么多困难，这是多么让人震惊！"

了解问题所在后，宝洁公司想出了解决办法，那就是使产品种类简单，削减边缘品牌，并不断推出新产品。仅头发护理这一项，品种就减少了一半，但盈利却增加了5％。

有这样一种说法：一流企业靠什么一流？答案：就是做标准。其实所谓的标准就是简单化。大凡赚钱的企业都是很简单的。比如说可口可乐、百事可乐，它们走的就是简洁化路子。他们在世界各地建厂，用相同的瓶子装相同的饮料；销售商用同样的营销模式。再比如说麦当劳、肯德基，同样是简洁化的典型。它们在世界各地的连锁店经营模式完全一样，而且将连锁店的经营权完全交给了加盟商；这是一个"放之四海而皆准"的模式。其实很简单，然而，简单却不能简省。

杜拉克指出："事情本来再简单不过，它们往往不会比造火箭更难。"不论多么复杂的尖端技术，在工厂里都是被分解成简单的标准化操作的环节，然后由一些普通的工人操作。再宏伟的建筑，都是建筑工人一砖一瓦建起来的。如果企业的每一个普通员工都要高科技人才，那企业得开什么样的工资？这样的产品成本将会有多高？那么还有多少人消费得起？

大多数企业在消费者心目中只拥有一个概念。比如：百事可乐只有饮料这一概念，丰田公司只有汽车这一概念，微软只有软件一个概念，新浪只有网络一个概念，海尔只有家电一个概念。成功的公司或品牌都力求简单，只有这样才能成功。

企业风气管理

众所周知，风气一般指的是社会上或某个集体中流行的爱好或习惯。它强调的是一种氛围，一种感觉，良好的风气起着带动作用，使生活于其中的人也会积极向上，但如果风气不好，必然也会影响原先优秀的人员，使其不如以前。作为学生，大家最常听到的是学习风气，很多老师在给大家考试结束后，就会写一个班级评价，他们也会谈论因为哪个班班主任尽职尽责，学习风气一直很好，所以成绩也好；某个学生成绩不好，但调班后就被其他人带好了，风气真的很重要；这个班学习风气一直不行，所以成绩也是直线下降。班级如此，公司亦是如此。管理者正如火车头，起着引领作用，对公司员工会有直接影响。领导者们只有做到"上梁正"，员工们才能做到"下梁也正"。

隋文帝杨坚在位期间也为国家发展营造了良好的风气，文帝认为吏治的好坏，是影响国泰民安的关键，甚至关乎到一个国家的发展。他以禁止行贿受贿、整顿官场文风、严惩贪官、表彰奖励清官、守法执法等几个方面来推行吏治改革以打造良好的"国风"。那么下面就看看文帝树立"国风"的管理之道。

首先，禁止行贿受贿。

当时，官场陋习比较严重，至于贪财纳贿，则更是题内应有之义。文帝下诏，禁止臣子向皇帝进贡、禁止下级向上级送礼。

相州刺史豆卢通，出身鲜卑世族，是文帝的妹夫，典型的皇亲国戚。他一上任就忙着给文帝上贡上等的布匹。文帝收到礼品后，像是被扇了个响亮的耳光，这不让别人看笑话吗？朝廷刚发布禁令，自家亲戚就顶风作案。如果不给他点颜色看看，今后谁还把朝廷的话当真？于是，文帝叫人把贡品抬到朝堂，当着文武百官的面，当场毁掉。又把妹夫大骂了一场。

文帝对官场的歪风邪气一直持反对态度，很是不讲情面，这对净化官场的风气起了很大作用。

其次，整顿官场文风

文帝清楚，中国的官吏说假话的"本领"非常过硬，特别擅长使用"夸张"这种修辞方式。比如某户生产五百斤粮食，上报的时候肯定夸张成生产一千斤；某地发生天灾百姓吃不上饭，也会描写成形势一片大好；某地发生骚乱，死伤几十人甚至几百人，地方官也会说："皇上，我们这里什么事故都没发生过，太平着呢！"

文帝不需要千篇一律的谎言，他要的是真相。每当外出时，路上遇到有人上表，便驻马亲自询问，他频频暗中派遣大臣到各地观察风俗，自己也经常微服私访。所过之处，亲自受理百姓的诉状，直接走到民间，近距离地聆听最下层老百姓的声音。

不管是文帝派出去的大臣，还是自己到民间暗访，他都要求详细调查风俗和仔细倾听民间疾苦，这些做法，加强了政治的清明，以至于一些地方官不敢再胡说了。

最后，严惩犯法者。

文帝以身垂范，不偏袒自己的亲朋或者旧部，使得有关机构对百官的监察不必过多顾忌人情关系，只要发现违法者就可以放开手脚去严惩。

张威是隋朝开国功臣，勇武过人，曾在蜀地打败王谦的叛军，文帝非常器重他，委以青州总管（军区司令）的重任。张威居功自傲，他的日子过得很奢侈。他在青州大置产业，大取不义之财，囤积的金银珠宝装了几个仓库，花钱也是由着性子敞开来花，真是花钱如流水。

文帝听到消息，并不偏袒张威，而是依据法令，将张威革除为民，财产充公。后来，文帝祠泰山途经洛阳时，召见张威，仍对此事记忆犹新，遗憾地说道："自朕打下天下，都对你委以重任，朕对你可谓用心良苦。可是你为什么做些祸国殃民的不法勾当呢？你不仅伤了朕的心，也将你的一世英名毁掉了。"

张威听了文帝的这番话，羞愧难当。

第四章 杨坚对你说管理

文帝一次次言出必行，目的就是激发各级官员的天良，廉洁自律。官吏确实很害怕，有些胆小的就不敢过分作恶了，一些巨贪也不敢明目张胆地唯利是图了，在一定程度上扫清了官场上的诸多弊端。

文帝对官员严密监督，凡有受贿者，必遭严惩。为了试验官吏，甚至还暗暗派人向一些官吏行贿，这些官吏一受贿就立即处死。同时，文帝建立了一套对官吏的考核制度，对廉洁的官员，朝廷给他加官封爵，诏告天下，立为榜样。

杨坚的这一系列的管理，为国家建立良好的风气，起到十分重要的作用。

那么在现代企业，企业风气更要重视，一个企业是否具有健康向上的良好风气，直接影响着企业的社会形象，影响着干部职工的精神风貌和工作信心。"风气管理"是现代企业制度建设的一个必要环节，是跨世纪企业精神文明建设和企业文化建设的重要任务，是企业思想政治工作的有效载体。良好的企业风气，是展示企业形象的重要窗口，是规范员工行为的无形纪律，是激发职工工作热情的精神动力。比如，闻名全国的万向集团之所以能取得令人瞩目的业绩，与他们坚持推行"用人求德、经营求实、管理求严"的企业"风气"管理密不可分。

企业由群体构成，因此，群体行为对企业的成败是性命攸关的。而在影响群体行为的诸多因素中，企业风气具有举足轻重的作用。

企业存在的重要条件之一是它的一致性。这个一致性，既表现为企业成员之间在行为、情绪和态度方面的接近，又表现为他们受某种"组织规范"的制约。所谓"组织规范"是指企业所确立的行为标准，企业的每个成员都必须遵守这些标准，但组织规范并非规定其成员的一举一动，而是规定企业对其成员的行为可以接受和不能容忍的范围。组织规范大体上由两个部分组成：企业制度和企业风气。

企业风气一旦形成，就对群体行为产生巨大的影响。企业风气形成企业内部的心理现象，构成组织心理环境的主要部分。在这种心理氛围之中生活的企业成员，受到耳濡目染、潜移默化，久而久之，便形成一致的态度、共同的行为方式、行为习惯。

作为一种非强制性的、无形的软规范，企业风气对群体行为发挥着引人注目的制约作用。众所周知，人的态度在群体中存在着类化现象。无论是思想、抱负、价值观念，还是治学态度，必然成为影响所有成员的巨大力量，甚至使态度不同的成员改动初衷，抑制其违反企业风气的言行，从而使其与多数人趋于一致，与周围的心理环境协调起来。

一个企业所形成的风气，以及在它影响下形成的集体心理定势，对一切外来信息、社会影响有筛选作用。同样一种社会思潮，例如"拜金主义"思潮，在厂风较差的企业，可以引发人心浮动，能人跳槽，凝聚力下降的恶果；而在厂风较好、以厂为家气氛浓厚的企业，这种不良影响造成的冲击要小得多。

企业风气既然以心理氛围的形态出现，自然会影响到企业成员的工作欲望以及对企业的向心力和相互之间的吸引力。

良好的企业风气需经过长期的培育才会逐步养成。大体上应从几个方面进行努力：

首先，领导率先示范。

古人云"源澄而流清，源浑而流浊"，正本须清源。在风气建设问题上，领导负有最主要的责任，古人又云"上有所好，下必甚之"。如今社

会上的不少风气问题，根源就在领导阶层。上面搞官僚主义，下面就出现形式主义；上面做表面文章，下面就弄虚作假；上面不讲原则，下面就乱规矩。在企业内部亦是如此，如果不把这个问题解决好，即使有再多的制度、提再多的要求、再多的教育，抓风气建设也很难有成效。

其次，舆论积极导向。

舆论宣传是影响人的思想和行为的重要渠道。在企业内部，要使用一切手段，不遗余力地宣传好人好事，使正气得到扶持，诱导更多的积极行为；抨击歪风邪气，抑制不良行为的重复出现。这就是舆论的强化作用与导向作用。

第三，骨干带头，蔚然成风。

好的风气总是由少数人做起，最后变成多数人的一致行动才蔚为大观的。这个少数人十分关键。首先是各级管理者，然后是各级骨干即积极分子。这些骨干力量，形成一种坚强的核心，他们带头身体力行组织倡导的行为，并做出成效，自然会影响、感染和带动更多的组织成员共同行动。

第四，开展思想工作，促使少数人从众。

良好的行为一旦成为风气，就会对少数与此不一致的成员产生压力，这种压力可以是有形的，如上级、同事的批评；更多的是无形的，少数人总会感受到人际氛围的压力，迫使他们从众。但其中必然会有矛盾与冲突，恰当、细致的思想工作，可以消除逆反心理，促使少数人自觉地改变个人不良行为，积极从众。

第五，严格制度的执行。

好的企业风气需要严格的规章制度加以辅助并且落实贯彻执行，做到有章可循，违者必究。

最后，要努力营造一个良好的风气氛围。

"蓬生麻中,不扶而直;白沙在涅,与之俱黑"。环境和氛围很重要，"近朱者赤，近墨者黑"，只有水清才能看到河底的鹅卵石。

管理中的木桶定律

盛水的木桶是由许多块木板箍成的，盛水量也是由这些木板共同决定的。若其中一块木板很短，则此木桶的盛水量就会被短板所限制。这块短板就成了这个木桶盛水量的"限制因素"（或称"短板效应"）。若要使此木桶盛水量增加，只有换掉短板或将短板加长才可以实现。人们把这一规律总结为"木桶原理"或"木桶定律"，又称"短板理论"。一只木桶能装多少水，取决于木桶中最短的一块木板而不是最长的那块木板。

作为管理者不要让自己的组织中有最短的"那块木板"，齐头并进全面发展才是真理。隋文帝杨坚在位期间，他认为国家要想长久强大，首先要想方设法提高所有木板的长度，这样才能成为坚不可摧的、结实耐用的"木桶国家"。下面就看看文帝主政时的各业并举的管理之道。

首先是商业的发展。隋朝商业的发展，集中地表现在工商城市的繁荣上。据《隋书·地理志》、赵万里《汉魏南北朝墓志集释》以及《大业杂记》记载：

盛世先导

杨坚有话对你说

岐州（治所在今陕西凤翔县）"密迩京圻，古称繁剧，兼以西通河陇，舟车辐辏，内多豪族，外引名商"。

蜀郡（治所在今四川成都市）、临邛、眉山、隆山、资阳、庐川、巴东、遂宁、巴西、新城、金山、普安、犍为、越巂、样柯、黔安，"得蜀之旧域。其地四塞，山川重阻，水陆所凑，货殖所萃，盖一都之会也。……人多工巧，绫锦雕镂之妙，殆侔于上国。贫家不务储蓄，富室专于趋利"。

河南的蔡州（治所在今河南汝南县），"地接荆郢，商旅殷繁"。

荆州（治所在今湖北江陵）"南控岷峨，东连吴会，五方杂隋，四民昌阜。"

位于长江以南的宣城、毗陵（今江苏常州市）、吴郡、会稽、余杭、东阳等，"数郡川泽沃衍，有海陆之饶，珍异所聚，故商贾并凑"。

丹阳郡（治所在今江苏南京市），"旧京所在，人物本盛，小人率多商贩，君子资于官禄，市廛列肆，埒于二京，人杂五方，故俗颇相类。"

京口（今江苏镇江市），"东通吴、会，南接江、湖，西连都邑，亦一都会也"。

豫章（今江西南昌市）官僚地主"多有数妇，暴面市廛，竟分、铢（二十四分之一两为一铢）以给其夫"。

南海（今广东广州市）亦是一大都会，"所处近海，多犀象瑇瑁珠玑奇异珍玮，故商贾至者，多取富焉"。

隋朝的东西二京，是当时最大的商业都市。

西京长安，有东西二市。东市名都会，西市名利人。由于是国都的所在地，因而"俗具五方，人物混淆，华戎杂错。去农从商，争朝夕之利；游手为事，竞锥刀之末"。

东京洛阳，有三市。东市名丰都，南市名大同，北市名通远。洛阳的商业十分发达，其中通远市周围六里，"其内，郡国舟船，舳舻万计"；丰都市"周八里，通门十二，其内一百二十行，三千余肆。甍宇平齐，遥望一加，榆柳交阴，通渠相注。市四壁有四百余店，重楼延阁，互相临映，招致商旅，珍奇山积"。

为了对工商城市的市场进行管理，隋朝在内地都市设有市署，长官为市令。关于边境同少数民族以及对国外的贸易，由国家专门设置的机构互市监（长官为监与副监）进行管理，大权操纵在国家和官僚手中，私人从事对外贸易是违法的，而贵族、官僚却往往同官商勾结，从事对边境少数民族和国外贸易。例如大贵族宇文述同西域商人相勾结，"富商大贾及陇右诸胡子弟，述皆接以恩意，呼之为儿，由是竞加馈遗，金宝累积。"（《隋书·宇文述传》）。他的儿子宇文化及，不仅"与屠者游，以规其利"，而且"违禁与突厥互市（《隋书·宇文化及传》）。至于大贵族杨素，在全国一些大都会设立的牟利店铺，更是数不胜数。隋王朝本有工商子弟不得做官的制度，然而"西州大商"的儿子何妥，却官至国子祭酒；王世充本是商胡儿子，亦官至江都通守。可见，官僚与豪商二者是相互勾结、盘剥人民的。

隋朝的境内外贸易，陆路主要是西北经西域的所谓"丝绸之路"，海上主要经南海（今广州市）的对外贸易。长安、洛阳、南海不仅是国内的大商业都市，也是当时著名的国际大商业都市。

第四章
杨坚对你说管理

147

其次是手工业发展。隋朝的手工业是在南北朝手工业的基础上发展起来的。由于南北朝时期社会动荡不安和广大农民沦为豪强地主的荫庇户，民间商业和民间手工业均呈现出衰落的趋势。与此同时，同民间手工业衰退趋势相反，官府手工业却有较大的发展。由于官府手工业主要是满足宫廷和贵族的需要，加之统治阶级的奢侈成风，这就刺激了宫廷手工业的发展。特别是南北朝时期战争的频繁，与兵器制造业相关的军用手工业亦有较大的发展，这也是官营手工业迅速发展的重要原因之一。

隋王朝的统一中国，社会的安定，农业经济的恢复和发展，为手工业的发展开创了有利的条件。隋文帝沿用前朝制度，在主管全国官府手工业的最高行政机构太府寺中，下设左藏、左尚方、内尚方、右尚方、司染、右藏、黄藏、掌冶、甄官等九个官署，掌管全国诸多的手工业部门。在各个官署之下，工匠是从事各种手工业生产的主力大军。由于手工业生产任务的繁重，隋初农民每年为国家服役一个月，而工匠则必须服役两个月，即"役丁为十二番，匠则六番"。

就手工业部门而言，隋朝的丝织业和造船业是较为发达的部门。北齐时，在定州（今河北定县）曾设置纳绫局，是当时著名的丝织业中心。隋朝时，相州（治所在今河北临漳县西南邺镇）所生产的绫文细布，十分精美。此外，蜀郡（治所在今四川成都市）所生产的"绫绵雕镂之妙，殆侔于上国"（《隋书·地理志》）。当时，豫章郡（治所在今江西南昌市）所出产的"鸡鸣布"，据载这里"一年蚕四、五熟，勤于纺绩，亦有夜浣纱而旦成布者，俗呼为鸡鸣布"。关于造船业，平陈前杨素在永安（今四川奉节县）所监造的特大级"五牙"战舰，于船上建五层楼，高100余尺，全舰可载800名战士。隋朝造船业所达到的水平，由此可见一斑。

隋朝手工业的其他部门，在瓷器制造业方面，于陕西西安李静川墓发现了隋炀帝大业四年入葬的白瓷螭把双手鸡首瓶，于陕西西安姬威墓发现了大业六年入葬的白瓷罐。在李静川的墓葬中还发现了碧色玻璃瓶。这些精美白瓷器皿的出土，表明隋朝的瓷器业已达到了较高的水平。玻璃瓶的发现，表明隋朝确已能够制造玻璃器皿。在雕刻业方面，蜀郡的精巧雕刻，还有魏郡（治所在今河南安阳市）的"浮巧成俗，雕刻之工，特云精妙"。在造纸业方面，隋代造纸业由于选用优质原料和造纸技术的提高，已出现了加工加料染色的纸张，标志着造纸业的技术水平已有了很大的提高。例如隋文帝开皇十三年（公元593年）的写经卷子，便是用麻和楮皮混合加工而成，为竖帘密罗纹，纸面纯洁细微，略带白色。

第三，国乐方面。杨坚建隋，重视音乐。隋初音乐承自北周，"并用胡声"。"胡声"指高昌、龟兹、康国等西域乐。隋灭陈以后，得到宋、齐旧乐和梁、陈乐人，于太常寺设清商署管理他们。开皇年间，杨坚命人对中外音乐分类整理，定七部乐，即国伎、清商伎、高丽伎，天竺伎、安国伎、龟兹伎和文康伎。不仅北方、江南音乐和西域音乐交融发展，而且有传自高丽、天竺的外国音乐，大大丰富了隋朝音乐的内容。这种兼收并蓄的文化政策，体现出了杨坚兼收并蓄的胸怀和气度。至隋炀帝大业年间，在开皇七部乐基础上又改定为九部乐。

开皇年间，涌现了许多音乐家。有万宝常、郑译、何妥、卢贲、苏夔、萧吉等，都有音乐方面的专著问世。又有安马驹、曹妙达、王长

通、郭令乐等，能造曲，为一时之妙。其中最杰出者为万宝常。万宝常，原是南朝梁人，随其父归降北齐。后其父因罪被杀，万宝常被配为乐户。他擅长多种乐器。隋初定乐，杨坚召见万宝常征询意见。万宝常奉命制造各种乐器，用自制水尺为律尺以调乐器；并撰《乐谱》六十四卷，对音乐理论多有建树。时人称之为"神"。但由于受权贵忌妒，始终未得升迁。万宝常贫穷无子，其妻在他卧病时，窃其物资而逃去。无人赡遗，万宝常竟然饥饿而死。他将死时，取其所著书付之一炬，悲痛地说："何用此为？"有见到的人从火中抢到数卷得以传世。一代音乐家竟然如此结局，时人为之悲哀。说明开皇治世也常有悲剧发生。

第四，艺术方面。开皇年间的绘画艺术也有突出成就，在题材、风格和技巧方面都有很大进步。除宗教题材外，山水画已发展为独立的画派。雕塑艺术主要是佛道造像，开窟造像也风靡一时。今山东青州驼山、云门山和济南玉函山，以及山西太原天龙山等处的隋代石窟造像是具有代表性的隋代作品。

此外，开皇年间的书法艺术也有发展，表现为综合南北的趋向。"上承六代，下启三唐"。南方自东晋以来流行的是以王羲之为首的行草书，透逸流移；北方上承汉、魏隶书，方正遒劲。西魏年间由于王家书法传人王褒迁入关中，行草书体逐渐在北方盛行起来，而汉、魏隶法仍受推重。开皇年间，这种综合南北的趋向，为唐代南北书法合流和形成新风格奠定了基础。开皇年间的书法成就见于大量碑版和墓志中。著名书法家以智永为代表，笔力纵横，真草兼备。智永为王羲之七代孙，由陈入隋，出家为僧，号为永禅师。他学书30年，秃笔成家。隋时书名鼓噪艺坛，据说当时求字者络绎不绝，将他居户门槛踏损，后用铁皮包门槛，人称"铁门限"。

第五，科技方面。开皇年间，科学技术有很多进步。工程建筑、雕版印刷、天文历法和医学等方面都取得了突出的成就。

开皇年间，工程建筑最为辉煌。一是中世纪世界最大城市之一——大兴城的兴建；二是世界最早的大型敞肩拱桥——安济桥的建筑。我们重点谈一下安济桥的建筑情况。

安济桥建于赵州城南汶河之上（今河北赵县城南五里），又名赵州桥、大石桥。据《赵州志》记述，此桥"乃隋匠李春所造，奇巧固护，甲于天下"。此言不虚，就安济桥的结构奇巧和桥身坚固而言，不仅在中国"甲于天下"，在世界桥梁史上也占有重要地位，被誉为"天下雄胜"。

二是雕板印刷术的发明。印刷术是中国的四大发明之一。最早的印刷术是雕版印刷术，发明于隋代开皇年间。

魏晋南北朝以来，刻字技术很高，又采用了在金石刻上的拓印技术，在此基础上隋代发明了雕板印刷术。其工艺过程大致是：选用文质细密坚实的木材，制成一定规格的平板，在其上刻上反文凸字（或图像），然后刷墨，再复上纸张刷印。

据隋代人费长房《历代三宝记》记：开皇十三年（593年）十二月八日，隋文帝杨坚下令崇佛，诏书中有"废像遗经，悉令雕撰"一语，明朝人陆深首先提出此为"印书之始"。后有人提出不同意见。但就唐初出现的印刷品已非最初的印刷品来看，雕板印刷术产生于隋代是可信的。

开皇年间开始雕印佛像、佛经，至唐初贞观年间，唐太宗令雕印了长孙皇后的《女则》；玄奘自天竺取经回国后，每年大量刻板印刷佛

第四章 杨坚对你说管理

像，施于四方。至唐朝后期，雕板印刷术在民间得到进一步应用，出现了商人纳税凭据的"印纸"和"板印历日"（日历）。五代后唐年间开始刻印儒家经典。北宋仁宗庆历年间，平民毕昇在雕板印刷术的基础上发明了活字印刷术。

印刷术的发明和发展，对于中国文化的传播和发展起了巨大的推动作用，同时对世界文明做出了重大贡献。

雕板印刷术自开皇年间发明后，于10世纪末首先传入朝鲜半岛，稍晚传入日本，13世纪中叶传入越南，其后传入波斯，并经波斯传入非洲的埃及，14世纪末传入欧洲。欧洲各国使用雕板印刷术比我国要晚七八百年之久。说明了开皇治世的科学技术在世界所处的领先地位。

三是天文历法方面的成就。开皇年间，有刘焯、刘孝孙、痩季才、庾质、卢太翼、萧吉和耿询等人，对天文学都有贡献。

经学家刘焯又是杰出的天文学家，他创制了当时先进的历法——《皇极历》。刘焯定岁差为75年差一度，比前代祖冲之、虞喜等人制定的历法中采用的岁差值都更精确。换算成现在的度数为76.1年差1度，今测为隔71.6年差1度，刘焯的计算已接近这个准确值。而当时欧洲还沿用100年差1度的数据。刘焯的研究在当时居世界领先的地位。

天文学家耿询原是南朝人，后被隋将王世积俘为家奴。耿询学习天文算术，发明了用水力转动的浑天仪，颇为精密，观察天象很准确。王世积奏知杨坚，杨坚将耿询转为官奴，给使太史局。耿询又作精巧刻漏，可在马上使用，"世称其妙"。

第六，医学方面。开皇年间，名医有许智藏、许澄、巢元方、孙思邈等人，使中医学传统得到进一步发扬光大。巢元方后来在医学上作出了很大的贡献。在大业六年（610年）主持编辑了《诸病源候论》50卷，分67门，1720目。博采世医方论，是我国第一部综合性的病理学专著。论述了多种疾病的病因和症状、诊断、治疗和预防，对病源的认识已达到相当高的水平，深为后世所重。宋代医学设三科，都以《诸病源候论》为教材之一。

以上各业的繁荣发展，足见文帝杨坚对各行各业的重视与管理，可见文帝深知国家长久昌盛，不可偏废其一，必须全面提高。那么在现代企业管理中，作为领导者就要找到公司中最短的"那块木板"把这个劣势重点培养与发展，以免影响公司整体性进步。劣势决定优势，劣势决定生死，这是市场竞争的残酷法则。

那么在企业组织中也是一样，任何组织几乎都有一个共同的特点，即构成组织的各个部分往往是良莠不齐的，但劣势部分却往往决定着整个组织的水平。

木桶定律告诉我们，领导者要有忧患意识，如果你身上某个方面是"最短的一块"，你应该考虑尽快把它补起来；如果你所领导的集体中存在着"一块最短的木板"，你一定要迅速将它做长补齐，否则，它带给你的损失可能是毁灭性的。很多时候，往往就是因为一件事没做好而毁了所有的努力。

在这个激烈竞争的时代，越来越多的管理者意识到，只要组织里有一个员工的能力很弱，就足以影响整个组织达成预期的目标。而要想提高每一个员工的竞争力，并将他们的力量有效地凝聚起来，最好的办法就是对员工进行教育和培训。企业培训是一项有意义而又实实在在的工作，许多著名企业都很重视对员工的培训。

第四章 杨坚对你说管理

在家电的舞台上，百家争雄，然而海尔却一步一个脚印地跑在最前列。究其原因，海尔的资本不是比别人雄厚，引进的国际人才也并不比别人多，人才素质不比别人高……一句话，海尔的"高木板"并不多，但是却有一个好的团队，其整体绩效不比任何"高木板"差。

所以，在加强木桶盛水能力的过程中，不能够把"高木板"和"低木板"简单地对立起来。每一个企业都有自己的"高木板"，与其不分青红皂白地赶他出局，不如发挥他的长处，把他放在适合的位置上。

一个企业要想成为一个结实耐用的木桶，首先要想方设法提高所有木板的长度。只有让所有的木板都维持"足够高"的高度，才能充分体现团队精神，完全发挥团队作用。

管理要注重文教

文化是人类社会历史实践过程中所创造的物质财富与精神财富的总和；文化是社会的意识形态以及与之相适应的组织机构与制度。文化繁荣国家才能昌盛，国民素质才能提高，下面就看看文帝在国家文化管理方面的成就。

经过很长时间的努力，隋文帝总算把新时期的军事制度治理得井井有条了，但是，困扰文帝的问题还有国民整体文化水平太低。尤其是多数武官不通文墨，缺乏政治意识。

文帝为此专门下了一道诏书："建国之道，莫先于学。尊主庇民，莫先于礼。"意思是说，国家要想发展，国民必须学习，学习最好的教材就是儒家经典。

几百年的乱世遏制了文教事业的发展，整个社会乱象丛生，用一句话概括就是："务权诈而薄儒雅，重干戈而轻俎豆"。意思是上至权臣、下至百姓根本不知道"道德"二字为何物。

开皇九年（589年），文帝在和平诏书中说："武力之子，俱可学文。"这个修文的提法绝对不是说说而已，而是付诸实际行动。

为此，开皇十年（590年）11月7日，文帝亲临国子监主持隆重的倡学典礼。仪式完毕后，文帝请全国知名学者进行有关儒家教义的讲座。

国子监相当于现在的国立最高学府，是知识分子聚集的地方。他们胸怀齐家、治国、平天下的大理想，国家要想进一步发展，是离不开博古通今的大学者的。

国子监祭酒（国立大学校长）元善得到了一份人人都羡慕的工作——宫中讲官。

元善体察上意，首先开讲《孝经》，对其大肆渲染，谈古论今，深入人心，文帝听得龙颜大悦，当场颁发奖品以资鼓励。

之后，太学博士马光升被邀讲《礼记》，同样是剖析到位，听众掌声不断，喝彩连连。

这些讲座紧紧结合隋朝的大政方针，讲座结束后，文帝亲自接见讲师团的成员。

这是隋朝唯一一次由皇帝亲临讲座，意义不同凡响，标志着治国的方向。

不仅主持国家级的讲座，文帝还走到群众中去，尤其是走到军队中

第四章 杨坚对你说管理

去，亲自敦促武将多学文化，如骠骑将军崔彭是文帝的亲信，当年负责宫中宿卫（保安）之事。文帝曾对他说："你射箭技术无人能比，懂学问吗？"

崔彭恭敬地回答："臣小时候就喜欢读《周礼》、《尚书》，在休息的时候，臣也不敢废弛。"

文帝饶有兴致地说："那就给朕讲解一段。"

崔彭在文帝面前讲了一番君臣戒慎的内容，文帝听后大为赞赏，不久给崔彭升职加薪，加以重用。在大隋与突厥的战争中，此人凭着睿智的头脑和高超的箭术，为安定边疆出过不少力。

之前的北周，朝中大臣几乎都以武力出道，瞧不起文人。而且，天下正乱，国家的内外形势也不允许通过考试渠道选拔人才。再者，国家混乱不堪，读书人还有什么闲心在一起砥砺学问！所以，在战时，国家遴选人才不需要有更多的知识，只要有勇有谋，能帮助朝廷打仗就行。

隋朝开国之初，这种情况依然存在，官场主流仍被没文化的武将占据，满腹经纶者寥寥无几。

隋初，文帝提出了"治国立身，非礼不可"的口号，提倡以礼治国，但成效不大。他不得不承认一个国家文化素养的提高，绝对不是一朝一夕的事情，一定要"积水成渊"，才能"风雨兴焉"。就像我们现在，一个人学知识是需要循序渐进的，历经小学、中学才可考入大学，如果把博士再读下来，至少得需要21年的在校学习。无疑，发展文教事业是长期而艰巨的任务。

文帝在执政后的统治中，无论在多么艰苦的环境下都没忘记让国民学文化。

早在开皇二年（582年）12月，大隋正和突厥进行着你死我活的战争，文帝每天为应付突厥身心俱疲。但是，作为国家的最高领导者，一有空闲，就专门考察那些精通儒经的国子学生，并亲切鼓励，给予赏赐。

皇帝的这一举动，鼓舞了主张文治的官员，潞州（今山西省长治市北古驿）刺史柳昂趁此契机，给文帝写了封信：

"皇上，几百年的战乱造成了不良的社会风气，大隋建朝之初，应该在文教方面狠抓落实，臣下请求皇上在全国劝学行礼。"

柳昂出身河东望族，有很好的家学渊源，他的建议得到文帝的认同并予以采纳。开皇三年（583年）4月18日，朝廷为此下了一道诏令，这道诏令很长，其核心就是要求百姓在非役之日和农忙之余学习经学和礼仪，目标是让天下人都"知礼节，识廉耻，父慈子孝，兄弟恭顺"。

当时北方边塞战火不断，国家正需要成千上万的民众上阵抗敌，所以，国家只能办一些类似"扫盲班"、"夜校"之类的学习班，主要目的是让民众遵礼守法。文帝提倡大家都来诵习儒家经典，是想让人们把中国传统文化的精髓渗透于下层社会中，以做到尊卑有等，长幼有序，当然是为他的皇权统治服务的。

在提倡礼仪教化的同时，一场大规模的搜罗人才运动在全国展开了。大隋王朝出现了一批伯乐，专门去发现人才。

北周源起于北部的荒原大漠，自西魏以来，胡风弥漫，当时的社会毫无文化而言，人们行事野蛮，满嘴鲜卑语，根本不懂礼仪二字为何物。

隋朝把选拔人才的目光投向山东，山东多才子，又是儒家文化的发源地，文化水平自然比其他地方要高得多。

第四章 杨坚对你说管理

157

开皇五年（595年）4月，文帝诏征山东儒者马光、张仲让、孔笼、窦士荣、张黑奴和刘祖仁等六人一起到京师，任命为太学博士。

这次征召人才的范围远不止山东，也不限于上述六儒。

如原北齐南阳王博士房晖远、梁宗室萧该、南梁出身的王颁等一些大学问家聚集京师，挑起了复兴文化的大梁。

领导人大倡文化之风，影响到地方，各级政府也纷纷效仿，建立"人才库"。相州刺史梁彦光，见当地世情浇薄，人心不古，尔虞我诈，下决心改良一下此地的民风，便用自己的俸禄聘请名望极高的山东大儒，在每个乡设立学堂，专门教授古圣先贤之书。自己在每个季度首月召集一次全州的学生，亲自进行策试。分数公布之后，梁彦光大摆筵席，好酒好菜招待那些成绩优异的学生。

筵席上，梁彦光令差生坐于庭中的草席上，眼睁睁地看着成绩好的学生由刺史大人陪酒，自己只落得个在一旁流口水的"待遇"。

读书人深受鼓励，争相上进，这一地方的民俗也大为改观。

发展文教事业得需要一个艰难的过程，隋朝最大的困难就是师资短缺，以及尚武精神的急功近利风气，这些都严重阻碍文化的发展。

当然，文帝不是学者，他提倡文教，主要是为巩固皇权服务的。他所用的人也未必精通学术。如被文帝抬上国子祭酒高位的元善，明显就是朝廷的传声筒和喉舌而已。至于那些听众，迫于皇帝在场，即使听不懂，也会表现出豁然开朗和深受启发的模样，频频点头或者附和几句。

开皇九年（589年），陈朝灭亡，国家统一。陈朝的德才兼具者大有人在，文帝把这些文化人都转移到京师，甚至有不少人被充实到中央学术机构中去。其余的学者多在地方上当老师，如原陈朝吴郡的潘徽被任命为州博士。

在文帝对文治政策的大力推行下，隋朝的文教事业迎来一个生机勃勃的大发展阶段，尽管见效慢，但是，就长期来看，是卓有成效的。

后来的唐朝魏徵对隋朝的文化事业给予很高的评价："高祖膺期纂历，平一寰宇，顿天网以掩之，贲旌帛以礼之，设好爵以縻之，于是四海九州强学待问之士靡不毕集焉。"

魏徵说了当时隋朝读书的盛况："齐、鲁、赵、魏，学者尤多，负笈追师，不远千里，讲诵之声，道路不绝。"

可惜的是，文化教育事业并不是一蹴而就的，它是一个长期发展的复杂工程，一二十年内很难看到成效，后人无法在短暂的隋王朝历史上看到流传千古的文学作品。但是，隋朝提倡文化的行动和决心是值得后人称道的。

若没有文帝打下的良好文化基础，就没有唐朝绚烂多彩的文化成就。可以说文帝为国家文化发展做了很大的贡献。

那么在现代，成功的企业文化是确保企业生存的必要条件，它能够使企业具备自我改进的能力，提高企业的核心竞争力。优秀的企业文化会使企业员工产生归属感，对价值有共同的认识，从而吸引、留住人才，提高企业对人才的竞争力。优秀的企业文化能够提高企业运行的效率，提升品牌的含金量，增加产品的价值，从而增强企业在市场上的竞争力。对于处于转型时期的企业，健康的企业文化也能够降低个人影响力在企业中的过分存在，从而为企业的平稳发展创造良好的条件。企业文化对外是企业的一面旗帜，对内是一种向心力。成功的企业文化融合了个人与工作的关系，提高了企业的凝聚力。优秀的企业文化可以在企

业内部营造一个公平、信任的良好工作环境，企业的每个成员都会主动地为公司出谋划策、排忧解难，企业员工也能实现自身最大价值。优秀的企业文化还有助于提高员工的整体素质，有利于企业更快地适应不断变化的市场。

过去评价一个企业的好坏，人们往往只看业绩，但现在开始关注一个企业的文化。业界已经达成共识：优秀的企业文化能够使企业产生持续性竞争力和凝聚力，是企业核心竞争力的源泉，它对企业发展有着重要的意义。有资料显示，在美国企业的平均寿命是40年，日本企业为13年，而中国企业只有5～8年。1亿元门槛往往成为我国民营企业不可逾越的一条死亡线。而回顾20世纪70年代杂志所排出的世界500强企业，可以发现大约1/3的公司已经销声匿迹。究其原因，无不是不健康或不健全的企业文化造成这些企业无法不断更新自身以适应不断出现的机遇和挑战。正如香港经盛国际执行董事叶生所说："人类因梦想而伟大，企业因文化而繁荣。"

作为企业经营者或管理者，把企业经营好、管理好应做好以下几个方面：

要做好企业文化，首先要确定你们公司的企业文化是什么。真正的企业文化是根据企业的实际与公司未来的发展方向所制定出来的。否则制定出来的企业文化只不过是一堆华丽的话语，是得不到公司员工的认可跟遵循的。

其次，建立以人为本的企业文化。企业是人的集合体，它的存在与发展是人创造的。只有"依靠人，为了人，尊重人，塑造人"企业才能更好向前发展。当今企业之间的竞争实质是人才的竞争，而人才竞争的基础是企业文化。因此在企业文化建设中应强化以人为本的意识，使企业成为全体员工都具有使命感和责任感的共同体。要结合企业的特点和发展的走势把企业文化建设融于各项活动之中，使员工在工作、学习、生活的各个层面，都能汲取企业文化所带来的营养，为构筑一流的企业，雕塑凝聚力极强的战斗群。

第三，企业制度。有些企业企业文化定对了，制度也有了，但是氛围就是营造不起来。原因就是没有严格实施和检查。企业的企业文化是根据企业的现状与发展需要所制定出来的，未必一开始就能被大家所接受。如果文化没有得到强而有力的实施和监督，那么就很难让大家主动去重视和实施。企业员工不会做你希望做的事情，他只会做你检查的事情。

第四，发挥企业管理者或领导者在文化管理中的作用。企业领导是企业文化的倡导者、维护者和管理者，他们的思想意识，个人品行与道德准则、思维方式与习惯，价值观与经营哲学，直接决定着企业文化走向和实质内容。可以说企业文化与企业领导有着千丝万缕的联系。任何优秀企业文化虽是企业员工集体智慧的结晶，但更凝聚了企业领导的智慧与心血。

最后要把不同阶段的文化调整好。一个企业的成长要经历创立、成长、成熟三个阶段。对于不同阶段的企业，其文化建设的侧重点有所不同。对于处在创业期的企业，其核心目的是要吸引和留住人才，所以，必须建立一个科学完善的激励机制，企业文化应着重体现对员工的关怀，使员工对企业的发展和壮大充满信心。当企业进入成长阶段，企业的发展需要一个公平合理的内部环境，企业的组织结构需要合理调整。

这时的企业文化建设应在激励机制基础上，建立有效的绩效机制，对员工的奖罚要分明，分工要明确，用有效的管理制度来维持企业的良性发展。在企业步入成熟阶段后，企业往往集团化，企业的运行相对平稳。这时的企业文化建设应该在提高员工的创新意识，强调危机意识和培养开发人才上下功夫。另外，在企业处于并购阶段时，要注重融合各个企业的子文化，形成包容并购企业的独特文化但又有共性的大企业文化。

正如GE公司前任总裁韦尔奇所阐述的，如果你想让列车时速再快10公里，只需要加一加马力；而若想使车速增加一倍，你就必须要更换铁轨了。资产重组可以一时提高公司的生产力，但若没有文化上的改变，就无法维持高生产力的发展。因此，加强企业文化建设是企业提高经营业绩，创造竞争优势的必然选择。

接班人管理之道

培养接班人是领导工作极为重要的一环。其他人才的培养可以在今天的竞争中处于有利地位，而接班人的培养则会使自己的事业在未来占据优势。领导者从身边的人才中培养接班人，首先是自己对他们比较了解，知道他们各自的能力和品质，其次培养的接班人对自己的事业最了解，可以使自己的经营理念得以传承。下面就看看文帝是怎样培养接班人的。

隋文帝为了让自己的子孙能成大器，总是谆谆教诲，循循善诱，把自己对世间的看法、立身的哲学、治国的纲领，毫无保留地传授、灌输给后代，希望他们能从中吸取经验教训。

隋文帝有其自己的督教之法：

第一，以无言之教为重。隋文帝的朝廷内部及其父子之间均以节俭号令。他自己身体力行，如乘舆服用等东西坏了，随时差宫人修补，不轻易做新的；官吏用布袋装生姜送给他，他认为太破费，后又再用毡袋装香料给他，他便答责这个官吏，以警戒诸王及其他官员。相州刺史豆卢通贡绫文细布，他就焚之于朝堂。在隋文帝的提倡之下，当时朝廷上下俭朴之风盛行，这种社会风气，对于杨广兄弟们无疑起着很好的潜移默化作用。

独孤皇后的行为也起了很好的身教作用。她家世显赫，其父独孤信是北周开国元勋，独孤皇后的姐姐是北周二世皇帝宇文毓的皇后，独孤皇后的女儿又是北周四世皇帝宇文赟的皇后。虽如此但独孤皇后十分谦卑恭敬，她非常喜爱读书，谈论政事，往往跟隋文帝的意见不谋而合，所以隋文帝对她宠爱敬畏，宦官宫女称他们夫妇为宫城"二圣"。隋文帝每次登殿主持朝会，独孤皇后都乘御车与隋文帝并排前往，一直陪送到隋文帝坐朝的大殿门口。她还不断派宦官打探隋文帝的言行，如果发现朝政有错，就立即上书劝谏纠正，即谓"政有所失，随则匡谏"，等到隋文帝退朝，她又与隋文帝一起同返寝宫。文武百官上奏称，按照《周礼》规定，文武百官妻子爵位品级的封赏，应该由皇后聘定，请求按照这一古制办事吧！独孤皇后不同意这样做，她认为妇女参与政治，或许从此社会逐渐盛行，我不能开这个头。大都督崔长仁，是独孤皇后的表兄弟，犯了法，本应该斩首，隋文帝因为他是独孤皇后的亲戚，打

第四章
杨坚对你说管理

算赦免他的罪行。独孤皇后知道后认为严格执法是国家的大事，怎么能徇私枉法呢？崔长仁最终被依法处死。独孤皇后的好读，守法以及节俭精神对杨广产生了巨大的影响。

隋文帝、独孤皇后都以身作则警示儿子们。太子杨勇曾经把巴蜀人制造的精细铠甲，再加雕饰、隋文帝看后就非常不高兴，担心会渐渐滋长奢侈作风，就告诫太子说，自古以来，帝王奢侈豪华，从来没有一个能够长治久安的。你现在身为储君，应以节俭为第一优先，才有资格承接皇家基业。隋文帝还将自己从前所穿的衣服，每种留下一件，让太子杨勇时常观看，以供其警惕。

担心杨勇今天以皇太子之心，忘记从前平民之事，隋文帝又把自己过去用的佩刀赐给杨勇。隋文帝这样要求太子杨勇，对于晋王杨广的要求自然也不会放松。所以，晋王杨广后来比较节俭，如乐器上的弦"多断绝，又有尘埃"，隋文帝看到后，对这个儿子的不喜爱声色犬马，留下很深印象。有一次杨广外出狩猎，遇上大雨，随从给他送上雨衣。他说："士卒皆沾湿，我独衣此乎！"命随从拿去。

第二，以儒学教子。隋文帝出身关陇士族集团中高门贵族，从小入太学接受儒学的熏陶，他赞颂"孔丘以大圣之才，作法垂于后代"，惋惜"孔子没而微言隐"，谴责秦始皇"灭学而经籍焚"，决心把恢复和发扬儒学作为己任，所以有"情类孔丘"之称，并以"代称纯孝"著名。所以，隋文帝即位后，广泛"引致天下名儒硕学之士"。亲召山东六儒马光等人至京，皆"授太子博士"。那时，隋文帝所信任的大臣许多是名儒，例如身兼五职的宠臣苏威，号称以半部《论语》治天下。李德林年十五能诵五经日数千言，以儒学著称，"声名籍甚，时无与二"。内史侍郎薛道衡，人称"关西孔子"。礼部尚书牛弘颂称"孔子以大圣之才，开素王之业"，"治国立身，作范垂法"，人因称之为"大雅君子"。

为了让儒家经典的学习蔚然成风，隋文帝又鼓励对经书的收集和整理。陆贾对刘邦说过这样一句名言："天下不可马上治之。"秘书监牛弘对此作了阐发，认为"经邦立政，在于典谟"。书籍经典，经过不断战乱，大多失散。北周的藏书，经过多方收集之后才勉强超过一万卷。灭掉北齐之后，所得到的书籍，除了重复和其他杂书，才多出五千卷。牛弘等认为现在正逢圣明之世，应重新收集，奠立国家的基础，没有一件事比收集图书更为重要。怎么可以让它们流落到私人之手，一直不回归朝廷。这里需要施加压力，强行搜购，再给献书者一点补偿或奖励，那么罕见的珍贵经典，一定会收集到，朝廷图书院也将因此获得充实。隋文帝很快就批准了牛弘的献书奏章，下诏：凡购置前代遗留下来的书籍，每呈献一卷，换取绸缎一匹。这样一来，收到了大批散佚的经典。其中有：《诗》类三十九部，四百四十二卷；《尚书》类三十二部，二百四十七卷；《礼》类一百三十部，一千六百二十二卷；《易》类六十九部，五百五十一卷；《春秋》类九十七部，九百八十三卷；《论语》类七十三部，七百八十一卷；《孝经》类十八部，六十三卷；《乐》类四十二部，一百四十卷。加上其他方面的书籍，共达三万余卷。隋文帝向社会与子女宣扬儒学，其目的还在于用优秀传统文化熏陶后代，使之成为圣贤后代。

第三，以实用为崇。隋文帝对隋以前出现的四六体骈文非常反感。治书侍御史李谔也认为当时盛行的文体，轻佻险薄，上疏说，曹魏三曹

第四章
杨坚对你说管理

（即曹操、曹丕、曹植），崇尚文章修辞，忽略了一个当君王的主要职责，却去玩弄雕虫小技。下面纷纷起而仿效，很快成为社会的一种风尚。到了东晋和南齐、南梁之时，这种情况就更加严重：人们所热衷追求的，往往是一个韵脚新奇不新奇，一个用字巧妙不巧妙！长篇大论，所谈的不过是刻划月亮露水的景致；满桌满箱的作品，所写的不外是风花雪月的情形。世间竟拿文章辞藻，来判断作者品格和能力的高低优劣，而朝廷也根据这个标准来遴选他们当官。用擅长雕虫小技换取金钱俸禄的道路，一经开辟，人们偏爱华丽崇尚轻浮的文风越发厉害。所以，乡村儿童、贵族学子，学校还没有进，六十个甲子如何配数还没有学，就先作五言诗。至于伏羲氏、姚重华（舜）、姒文命（禹）的典故，伊尹、傅说、姬旦、孔丘的学说，就更不关心，何尝听进心里去！认为傲慢就是清高，怪诞就是玄虚；把随心所欲当作功勋劳绩，只读儒家学派经书的知识分子，被指责为古怪落伍，而把工于词赋之士当成君子大人。导致文章越来越繁多复杂，而政治却一天比一天动乱。这都是由于统治者抛弃上古圣贤制定的法式、规则，而把无益于治道的文体来推广使用之故。朝廷虽然颁布禁绝浮华艳丽文风的诏书，可是听说遥远的州和偏僻的县，作风依旧：躬行仁义孝悌者，被排除在门户之外，不加录用；擅长轻薄浮华之雕虫小技者，却被任命担任官职，甚至保送荐举到朝廷，这些都是由于州、县官员没有执行陛下的诏令之故。请求陛下广泛调查，对违犯的官员，提出弹劾。隋文帝于是把李谔的奏章颁发天下州县，以崇尚实用之文风、学风。

杨广好学、善文。隋文帝更不希望他埋首于"竞一韵之奇，争一字之巧"，主张无论公文私函，都得直率叙述，有什么说什么，不可浮华夸张。前文说过，泗州州长司马幼之，奏疏上所用辞藻艳丽浮夸，隋文帝看了之后，很生气，马上交付有关部门定罪惩罚。此事在朝廷上下引起极大的震惊，"无不为之惧"。杨广的辅佐王韶、李雄、李彻等都严格遵照隋文帝的意旨来管教，督促杨广务以实用为崇，不得浮夸。

可见隋文帝杨坚在培养接班人中也有很多让后人效仿与借鉴的地方。

不管是现代还是古代都很重视接班人的培养与选拔。在《史记·高祖本纪》中有这样一段记载：高祖击布时，为流矢所中，行道病……吕后问："陛下百岁后，萧相国即死，令谁代之？"上曰："曹参可。"问其次，上曰："王陵可。然陵少戆，陈平可以助之。陈平智有馀，然难以独任。周勃重厚少文，然安刘氏者必勃也，可令为太尉。"吕后复问其次，上曰："此后亦非而所知也。"

无独有偶。据说，康熙皇帝也非常重视接班人的培养。还在乾隆很小的时候，康熙就把他带在身边栽培了。康熙之所以要雍正继位，也是为了保证乾隆顺利接班。因为如果雍正继了位，乾隆就可以顺理成章地当上皇帝。后来历史的发展，证明了康熙的选择是非常正确的，他这一举措不仅成就了清王朝的康乾盛世，而且，奠定了清王朝的几百年基业。

从这两个故事可以看出：聪明、英明、高明的领导者是非常关注和重视接班人的培养与选拔的。某公司的职员刚走上基层领导岗位时，一个非常可敬的领导就曾向他传授过一条很重要的经验："当你前脚走进一个单位的时候，你后脚就要考虑你的接班人在哪里！"

然而很多企业的领导，害怕权力旁落，不愿意培养接班人；或者因为缺乏远见卓识、深谋远虑，不注重接班人的培养；或者因为对他人不

第四章 杨坚对你说管理

167

够信任，不愿意大胆放手培养接班人；也有因为十分勤勉，事必躬亲，无意中妨碍和影响了接班人的成长与进步。于是，便造成了接班人的断层和缺失。最后，不是导致个人前途夭折，就是致使事业后继乏人，严重影响公司的发展。所以，作为一个公司的领导，应该高度重视接班人的培养与选拔。

在知识经济时代，人力资本已经超出其他一切资源，成为决定企业经营成败的关键因素。美国钢铁大王卡内基曾说过这样的话："假如将我所有的工厂、设备、市场、资金全部夺走，只要保留我的组织，四年以后，我仍是一个钢铁大王。"这里的"组织"，即指人力资源。"人"已经成为企业经营（市场营销、管理）中最重要的因素。

对于一个健康、持续发展的企业来说，关键是要建立一套完善的组织机构和体系；而建立完善的组织机构和体系，其中的一个核心要素就是完善的培养接班人制度。要做好这一点，不妨从以下方面着手：

首先，培养接班人能保证企业拥有源源不断的后备人力资源，企业的正常经营不至于因人员短缺而发生断裂。"世界上一切美丽的东西都来源于太阳，而一切美好的东西都来源于人"，完善的培养接班人制度能确保企业拥有持续发展的动力和资源，即"人"的资源。

其次，培养接班人可以有效地降低、甚至消除员工辞职或离职对企业经营活动造成的损失。一般而言，企业员工的离去，都会或多或少地对企业正常经营活动造成一定影响，尤其是核心员工和中高层领导的离去，对企业正常经营活动造成的损失更大。建立完善的培养接班人制度之后，接班人可以随时填补离去员工的岗位，将损失尽量降到最低。

再次，建立培养接班人制度，各级员工都有机会得到公平、公开、公正的提拔和升迁机会，对提高员工士气、激励员工努力工作、增加员工对企业的凝聚力和向心力具有明显的作用。

最后，建立完善的培养接班人制度，可以为企业长远的、健康的发展提供人才。目前，全球经济日趋一体化，市场变化迅速，竞争加剧，企业必须拥有一大批具备新思想、新观念、新生气的员工来掌舵企业未来发展，这样企业才能继续健康、持续地成长，而接班人制度就可以很好地做到这一点。

除此之外，还要像隋文帝杨坚一样要重视接班人的学习与培训。

只是有授权还是远远不够的，接班人还必须从企业、从社会、从工作中不断学习、培训，从而充实自己，提高自身综合素质。

鼓励接班人进行学习修炼。企业应该鼓励接班人参加继续教育课程，参加公司内部的培训课程，确保不因为接班人"离开本职工作学习"而使学习者蒙受任何间接的惩罚和损失；鼓励接班人积极争取各种专业协会的成员资格；邀请同行或专家来企业举行各种类型的讲座、讨论会等，从而从各方面来充实自己。

同时，提高接班人素质的方法不仅限于正规教育，还应该引导接班人学会思考，从顾客、供应商、竞争者、同事、领导身上学到东西。比如，让同事实地观摩接班人如何处理顾客批评，如何举行报告会等；让接班人经常参加一些他们通常不参加的会议，如普通员工不参加的专业会议，会计师参加市场营销和开发会等等，使得每个接班人都得到一些关于其他工作的第一手资料，开阔眼界和胸怀，增强互助的协作精神。

实行岗位轮换制度，让接班人定期到本职以外的部门或工作岗位上

任职；邀请本公司其他部门的人来与部门员工聚会，谈需要哪些支持和合作，并努力促成双向交流。

通过这些措施，一个公司的领导不但为接班人创造了一个良好的氛围，而且切实为培养接班人提供了方便，有益于接班人的迅速成长，更有益于整个企业经营活动的顺利展开。

管理要靠制度

依靠制度管理是所有成功领导的特征。用流行的说法，制度就是用法治代替人治。规范与制度是不可缺少的管理软件，也是领导工作得以正常运转的基石。文帝也深知国家要想安宁，百姓要想安稳生活，法律制度是不可少的。下面就看看文帝在管理改革中所蕴含的道理。

北周刑政苛酷，尤其是宣帝之时，荒淫无度，又恶闻其过，对进谏者，采取诛杀之法。他增加武帝所制《刑书要制》的条文，使刑法更为峻苛。其法规定，"逃亡者皆死，而家口藉没"，"鞭杖皆百二十为度，名曰天杖。其后又加至二百四十"。"又作轵磔车，以威妇人"。弄得"上下愁怨"、"内外离心"。杨坚辅政为相，便"行宽大之典，删略旧律，作《刑书要制》"。称帝建立隋朝的当年，隋文帝便命左仆射高颎、上柱国郑译、杨素、大理前少卿常明、刑部侍郎韩溶、礼部侍郎李谔、兼考功侍郎柳雄亮等更定新律。这年十月，刑律制成，由隋文帝下令颁行。由于律令初行，百姓并不知犯禁，所以犯法者甚多，加上官员在北周苛政之后，仍把致人以罪为能。所以，隋文帝便"诏申勒四方，敦理辞讼"。到开皇三年（583），隋文帝览阅刑部奏状，见断狱之数，一年达万条之多，认为律文还是太苛刻严密，便令苏威、牛弘等人"更定新律"，也就是对元年所修的隋律再行修订。这次修订，削除死罪81条，流罪154条，徒、杖等千余条。整个新律只有500条，分十二卷。即：名例、卫禁、职制、户婚、厩库、擅兴、贼盗、斗讼、诈伪、杂律、捕亡、断狱。唐人认为这部刑律"刑纲简要，疏而不失"。隋文帝开皇年间所订的隋代刑律，史称《开皇律》。参加修律的还有通熟律法的裴政、李德林、赵芬等人。尤其是裴政，对于修订隋律贡献最大，宽简刑律的许多条文，都出自裴政之手。

隋文帝颁律时指出："帝王作法，沿革不同，取适于时，故有损益"。可见，《开皇律》是适合当时的刑律，对以往旧律有所革除。

首先，革除酷刑。《开皇律》之刑名有五，即：死刑二，为绞、斩；流刑三，为一千里、一千五百里、二千里；徒刑五，为一年、一年半、二年、二年半、三年；杖刑五，从六十至一百；笞刑五，从十至五十。隋代死刑，是绞与斩，而北周死刑有五：磬、绞、斩、枭、裂，北齐死刑为四：轘、枭、斩、绞。磬是缢杀；绞是勒死；斩是以刀砍杀；枭是处死后悬头示众；裂即轘，是用车分裂人体的严酷死刑。磬近于绞。枭、裂（轘）都是比较严酷的死刑。隋文帝认为"绞以致毙，斩则殊刑，除恶之体，于斯已极。枭首轘身，无所取"。所以，革除了这二种酷刑。北齐、北周均有鞭刑，多者鞭百，隋文帝认为"鞭之为用，残剥肤体，彻骨侵肌，酷均脔切"。所以，对此等酷刑也予以削除。

其次，刑律简明。汉代刑律，在刘邦入关之初曾约法三章，"杀

人者死，伤人及盗抵罪"，废除了"繁于秋荼"的秦法。但是，曾几何时，汉律条目就无限膨胀起来，以至于"律令凡三百五十九章，大辟四百九条，千八百八十二事，死罪决事比万三千四百七十二事，文书盈于几阁，典者不能遍睹。"晋律进行简化，改订成20篇，620条。至北齐又增至949条，北周更增至1537条。隋文帝命大臣所修《开皇律》仅500条，为12卷，"自是刑网简要，疏而不失"。这部简明的《开皇律》也就成为唐代修刑律的范本，其影响及于明清。

第三，刑罚较轻。刑罚轻，充分体现了《开皇律》的进步性。前面已讲到，死刑定为绞、斩二种，革除了前代的酷刑。在连坐族刑方面，也较前代法律规定的夷三族、或夷五族，甚至夷九族，有较大减轻。在《开皇律》中规定"唯大逆、谋反叛者，父子兄弟皆斩，家口没官"。这就是说，最严重的罪也只是诛灭二族，而且只限于"大逆"、"谋反逆"。又如流刑，北齐的流刑没有规定道路远近。北周则从2500里至4500里不等，均加鞭笞。《开皇律》则大大减轻了，只有1000里至2000里。再如徒刑，历代有种种名称，像刑作，耐刑，年刑，居作，输将，鬼薪，城旦春，白粲，司寇作，完刑等等，北齐时称刑罪或耐罪，《开皇律》采取北周的徒刑之名，而将北齐、北周徒刑刑期1～5年，改为1～3年，而且不再附加鞭、杖、笞。此外，《开皇律》还规定，拷讯囚犯时，禁止使用大棒、束杖、车辐、鞵底、压踝、杖桃，常刑讯囚、拷杖不得超过200杖，杖之大小也有定式，行杖时不得易人，囚犯杻枷的式样、重量，《开皇律》也有统一规定，地方不得随意加大加重。这些都反映出《开皇律》的刑罚比前代减轻了，这是刑律进步的表现，这一切，对唐代以后的刑律影响极大。

《开皇律》自然是维护隋朝统治的法律，对于不利于封建秩序、不利隋朝廷的"十恶"，即谋反、谋大逆、谋叛、恶逆、不臣、大不敬、不孝、不睦、不义、内乱，触犯者是一律从严惩治，不予赦免。对官员、皇亲国戚与贵族，又有减免刑罚的具体规定，如为官者犯法，可以据情以官抵罪，而亲、贵、贤、故、能、功、勤、宾等八种人，犯罪要经特别审议并享受减免刑罚的特权，称之为"八议"。

总之，《开皇律》相对于前代的刑律，是一个历史的进步，应当加以重视，它不仅可以减轻一些人民的痛苦，而且还使定刑治罪有一个划一的标准，有利于吏治的改善。《开皇律》对唐律的影响十分巨大，唐代修订刑律，基本参照了《开皇律》，也是分12卷，500条，而刑律名也完全一样。《开皇律》虽已佚失，但是隋代订律，在中国古代历史上的重要地位是应予肯定的，而具有改革创新思想、指导修订《开皇律》的隋文帝，其功亦不可没。

应当看到的是，在人治社会的封建时代，法律更多地受到统治者个人道德、品质、性格、修养、学识种种方面的影响。隋文帝尽管有革新刑律的思想，有减轻刑罚的规定，并修订了《开皇律》。在其前期也还算较为守持刑律，但是，到后期，隋文帝往往违法行事。定法者本人不按法行事，法律的威严，法律的存在，也就动摇了。如隋文帝常在朝堂上杖杀官员，盗一钱以上、三人同窃一瓜，也被处死。他慎刑、轻刑诏书的墨迹未干，而身自破坏。写在纸上的刑法，与统治者的执法存在着巨大的差别，这也是值得现在企业的经营者和管理者所警惕的。

现如今，单位、企业或公司是由各类人员组成的组织，而人复杂多样的价值取向和行为特质，要求领导营造出有利于组织理念和价值观形

第四章

杨坚对你说管理

成的制度，并约束、规范、整合人的行为。

著名管理咨询专家刘光起先生说："管理就是管出道理，道理就是规则规范。"这里所讲的规则规范，指的就是管理中的各项规章制度。中国传统文化中"不以规矩，不能成方圆"的思想，也阐释了规章制度的基础性作用。我们一起来看下列事例：

约翰和亨利到一家公司联系业务。这家公司的办公室在一幢豪华写字楼里，落地玻璃门窗，非常气派。可是，由于玻璃过于透明，许多来访客人因不留意，头撞在高大明亮的玻璃大门上。不到一刻钟，竟然有两位客人在同一个地方头撞玻璃。

亨利忍不住笑了，对约翰说："这些人也真是的。走起路来，这么大的玻璃居然看不见。眼睛到哪里去了？"

约翰并不赞同亨利的说法，他说："真正愚蠢的不是撞玻璃门的客人，而是设计者。如果不同的人在同一个地方犯错误，那就证明这个地方确实存在缺陷。应该考虑怎么修正缺陷，而不是嘲笑那些犯错误的人。"

亨利于是向该公司的经理提了意见，在这扇门上贴上一条横标志线，从此再没有来访客人撞到玻璃门了。

这个故事涉及"修路原则"，即当一个人在同一个地方出现两次以上同样的差错，或者，两个以上不同的人在同一个地方出现同一差错，那一定不是人有问题，而是这条让他们出差错的"路"有问题。此时，作为问题的主管，最重要的工作不是管人——要求他不要重犯错误，而是修"路"。

管理进步最快的方法之一就是：每次完善一点点，每天进步一点点，每个人每一次都能因不断修"路"而进步一点点。这里所讲的"路"就是制度和规范，"修路"就是指制度建设。

"修路"理论告诉我们，领导工作最重要的不是直接去管人，而是去制定让人各行其职的制度——修筑让人各行其道的路。

管理学上著名的热炉法则说，制度就像一个很烫的炉子放在那里，只要你一碰到这个炉子，就会尝到它的厉害。热炉法则形象地阐述了管理要依靠制度。

热炉火红，不用手摸也知道炉子是热的、能灼伤人的——警告性原则。领导者要经常对下属进行规章制度教育，以警告或劝戒他们不要触犯规章制度，否则就会受到惩处。

每当你碰到热炉，肯定会被灼伤。也就是说只要触犯单位的规章制度，就一定会受到惩处。

当你碰到热炉时，立即就被灼伤——即时性原则。惩处必须在错误行为发生后立即进行，决不拖泥带水，决不能有时间差，以便达到及时改正错误行为的目的。

不管谁碰到热炉，都会被灼伤——公平性原则。

热炉法则的具体应用表现为：每个单位都有自己的"天条"及规章制度，单位的任何人都要去遵守这些制度，否则就要受到惩罚。

任何公司应当以"以慈母般的关怀善待员工，用钢铁般的纪律规范制约员工"为治理方针。很多成功企业的领导人在管理方面都会有这样的感触：只有在严厉的规定基础上去宽容他们，才能取得好的效果；只有真正做到宽容，严厉才会更有力度。

曾经去过海尔集团的人可能会注意到，所有的员工走路必须靠右

第四章 杨坚对你说管理

行，在离开座位时则必须把椅子推入桌下，否则，都会被罚款……企业作这样的规定，目的就是要让全体员工记住：制度纪律是一条不可触摸的"高压线"，否则会有血的代价。

古人讲："不以规矩，不能成方圆。""不奋发，则心日颓靡；不检束，则心日恣肆。"制度规范作为组织管理过程中约束全体组织成员行为、确定办事规则、规定工作程序的各种章程、条例、守则、规程、程序、标准、办法，必须严格执行，实施制度化管理，才能使组织步入规范、科学、系统的轨道，形成良性循环。反之，任何有悖于制度规范的行为和个人，都将使组织蒙受损失，发展受到阻碍。为什么有些企业会在经历了辉煌后不幸夭折，究其原因，其中最重要的一条是制度规范的执行不一、朝令夕改，更有甚者，将企业领导者的个人权力凌驾于制度规范之上，犯了管理的大忌！现代企业持续经营的秘诀就是：现代企业最终要靠制度管人，而不是靠人管人。

学会采纳各种好建议

俗话说：一个篱笆三个桩，一个好汉三个帮。没有任何一个人可以单凭自己的力量和智慧去取得成功，别人的意见和建议是我们人生旅途中所不可缺少的，有的人很"自信"，一切凭自己的想法去做，听不进半句他人的意见，其实这不是自信，而是一意孤行。作为管理者也是一样，文帝杨坚从夺取大权到主政大隋，所有的胜利，所有的成功都与文武百官的建议分不开，可见杨坚在管理中广吸建议助国发展的管理之道，这在大兴水利中也能得到很好的体现。

水利是农业发展的基础，大禹治水自古以来成为一种美谈。开皇四年（584年）的大旱使杨坚一筹莫展。这时都官尚书元晖就奏请"决杜阳水灌溉三畤原"。

于是杨坚意识到农业的发展离不开水，水是农业发展的根本。于是他下令在全国各地兴修水利。

杨坚很快批准了都官尚书元晖的建议。这项工程完成后，三畤原数千顷盐碱地得到灌溉，大大促进了当地农业的发展。

开皇四年（584年）五月，杨坚因为渭河多沙，河水深浅不固定，对漕运的丁役深以为苦。六月二十二日，杨坚批准官员的奏请下诏令太子左庶子宇文恺率领民工开凿渠道，引渭水入黄河。

隋初，京城的粮食大多靠漕运关东地区的粮食，即所谓"漕关东及汾、晋之粟，以给京师"。其中流入黄河的渭水是一条重要的漕运水道。杨坚修建的渠道正是为这一条水道开通的。

宇文恺是隋朝著名的巧匠，曾负责过庞大的新都营建工作。他工作认真细致，在接受杨坚的诏旨之后，他带领工匠，巡察渠道，观测地理地势，最后选择了一条"一得开凿，万代无毁"的路线。方案确定下来之后，杨坚又把开凿运河的工作具体交给两个总督，一个是苏孝慈，他当时任太府卿。史称"于时王业初基，百度伊始，征天下工匠，纤微之巧，无不毕集。孝慈总其事，世以为能"，可见他十分擅长国家工程的组织工作。另一个是郭衍，他被任为开漕渠大监。二人亲率水工在大兴城（今陕西西安）西北凿渠，引渭水向东，至潼关后流入黄河，全长400

多里，这条渠名叫"广通渠"。修好之后，关东的粮食通过它源源不断地运往关中，"关内赖之，名之曰富民渠"。

开皇七年（587年），杨坚又下令修复山阳渎。山阳渎古名邗沟，是春秋时吴国开凿的一条沟通江淮的人工河。杨坚下令修复此渠，使淮河水从今清江浦经淮安、扬州入长江。

当时，礼部尚书杨尚希很受杨坚重用。杨尚希任蒲州（治所在今山西永济）刺史时，极善于施政；他重视农业，重新引瀵水，设立堤坊，新开稻田数千顷，使农业增收，大大改善了当地人民的生活水平。

河南洛阳人赵轨，是隋初有名的忠良官吏。他先后任过齐州（治所在今山东济南）别驾、原州（治所在今宁复固原）总管司马、硖州（治所在今湖北宜昌西北）刺史等职；因政绩突出，又被任为寿州（治所在今安徽寿县）总管长史之职。寿州的芍陂是古代重要的水利工程，但由于年久失修，芍陂的五门堰已变成一片荒地，荒草丛生，狼藉一片，已经失去了往日的作用。赵轨到任后，大力改革，加紧复修，很快使芍陂恢复原状，重新达到灌田5000多顷的能力，给当地农业生产带来了极大的便利。他也因此得到了当地人民的称颂。

河东汾阴人薛胄，隋初曾被杨坚任为兖州（治所在今山东兖州附近）刺史。薛胄未到任之前，兖州城东的沂水、泗水汇合一处向南流入大泽，常泛滥成灾。薛胄到任后，下令积石修坝，使河水改道西流，"陂泽尽为良田。又通转运，利尽淮海，百姓赖之，号为薛公丰兖渠"。

这些忠良官吏不但为杨坚兴修水利工程献出了宝贵意见，而且也为之付出了努力，可以说为隋代水利建设立下了汗马功劳。

经过一系列兴修水利的措施，隋朝的水利工程建设迅速发展。包括杨坚在位时开凿的广通渠，疏浚的山阳渎，以及后来隋炀帝杨广时期开凿的从今北京到黄河的永济渠、从板渚（治所在今河南荥阳北）到淮河的通济渠、从京口（治所在今江苏镇江）到余杭（治所在今浙江杭州）的江南河，构成了隋代的大运河，是隋代国内兴修的最大水利工程。

开皇三年（583年），经过长期战乱刚刚建立不久的隋朝，京师仓廪储备不足。为了防备水旱灾难，杨坚下诏在黄河附近的13个州招募，设置运米丁。这13个州是：蒲州、陕州、虢州、熊州、伊州、洛州、郑州、怀州、邵州、卫州、汴州、许州、汝州。在这些地方设置4个转运仓：黎阳仓（在今河南浚县）、河阳仓（在今河南孟县）、常平仓（在今河南三门峡市）、广通仓（在今陕西华县）。各地的运米丁将粮食一个仓一个仓地转运，最后通过渭水运到京师。开皇四年（584年）关西大旱，这些转运仓转运的粮食为缓解旱灾造成的饥荒起到了一定的积极作用。

开皇五年（585年），度支尚书长孙平又上书给杨坚奏道：

"臣闻国以民为本，民以食为命，劝农重谷，先王令轨。古者三年耕而余一年之积，九年作而有三年之储，虽水旱为灾，而民无菜色，皆由劝导有方，积蓄先备者也。去年亢阳，关右饥馁，陛下运山东之粟，置常平之官，开发仓廪，普加赈赐，大德鸿恩，可谓至矣。然经国之道，义资远算，请勒诸州刺史、县令，以劝农积谷为务。"

杨坚非常赞赏这份奏书，特别是他"水旱为灾而民无菜色，皆由劝导有方，蓄积先备"的论述，杨坚尤喜欣赏。

杨坚立即接受了长孙平的建议，下令民间每年每家拿出粟麦1石以下，在当地建立的仓库储存起来，以备荒年赈济。这就是前面所提到的

第四章
杨坚对你说管理

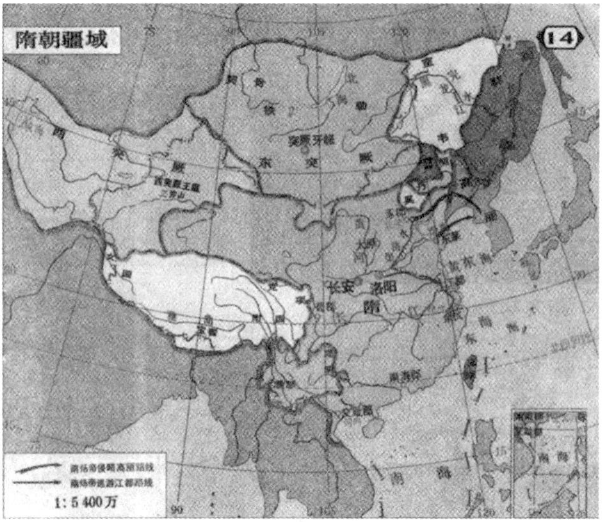

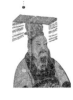

隋朝疆域图

“义仓”。

开皇十五年（595年）二月，杨坚下诏说：

“本置义仓，止防水旱，百姓之徒，不思久计，轻尔费损，于后乏绝。又北境诸州，异于余处，云、复、长、灵、盐、兰、丰、鄯、凉、甘、瓜等州，所有义仓杂种，并纳本州。若人有旱俭少粮，先给杂种及远年粟。”

开皇十六年（596年）正月，杨坚又下诏，令秦、迭、成、康、武、文、芳、宕、旭、洮、岷、渭、纪、河、廓、豳、陇、泾、宁、原、敷、丹、延、绥、银、扶诸州的社仓，全都归县里安置，统一管理。同年二月，又下诏令交社仓税，上户交1石以下，中户交7斗以下，下户交4斗以下。

隋文帝开皇年间，开凿河渠兴修水利，便于粮食的运输和农业灌溉；广设仓储，大大增加了粮食布帛的储备。这些措施，特别是兴修水利，大大促进了隋朝农业生产的迅猛发展。农业的迅猛发展，使国家的经济实力日益增强，为杨坚灭陈、安定边陲打下了坚实的物质基础。

由此可见，在管理中听取意见也是很重要的，如今的企业管理者，在管理中遇到瓶颈时，能听取一下员工的意见，或许能让你有种柳暗花明的感觉。

听从不是盲从，盲从是完全的傀儡。大家可以看到，古今中外，听从建议往往比坚持己见更加重要。

唐太宗是我国历史上一位有名的君主，他创造了一个封建社会的太平盛世——贞观之治，并且为唐朝以后的繁荣打下了基础，他成功的重要原因之一就是能听得进大臣们的建议，他在位时，纳谏成风，出现了有名的谏臣魏征。忠言逆耳，一个帝王能接收那么多逆耳的话是很难得的，这也是他的过人之处。认真听取他人意见是一种可贵的品质。

从法西斯到穆巴拉克，从伊拉克到利比亚，我们看到了一个又一个独裁政府的倒闭。由此可见，不仅是个人，一个群体、一个社会都需要听从建议从而得到更多的成功。团队需要合作精神，政府需要广纳民意，这正是在领导者听从建议的基础上做到的。如果一个决策者坚持己见，不听从他人建议，走极端，势必会影响到队员的积极性，甚至影响整个团队的士气，造成很严重的后果。我们承认乔布斯在苹果公司的发展过程中很多次坚持己见并且这些当初不被人看好的己见最终为苹果公司的成功做出了很大的贡献。但是大家应该看到，苹果不是乔布斯的苹果，是一个团队的苹果，正是这个团队中每个人提出不同的建议，让乔布斯做得出更好的决定，激发他做出更好的选择。

如今的企业在战场上，不妨留心听一听别人的看法，多一份思考，多一点分析，相信企业的辉煌也就指日可待了。

第五章

杨坚对你说 谋略

　　谋略是古老而永恒的话题。它源于战争、政治斗争，又关乎人类生活生存的点滴。所以，谋略以社会互动为前提，表现为社会属性；又以客观事物和客观规律为依据，表现为自然属性。谋略离不开人，谋略所反映的是人的思想意识和物质意识。谋略是人们在解决社会矛盾过程中，实现预期目的与效果的高超艺术。古往今来，谋略被应用于作战中，一些谋略技巧为后人所学习。文帝杨坚凭着过人的才智，高超的谋略技巧夺取大权统一全国，下面就看看他在管理过程中的谋略体现。

用怀柔策略战胜对手

怀柔政策是一种经常使用的手段，它的用意是，我对你在精神和物质上好一点，用比较容易让人接受的宽宏大量和体贴感化对方，使对方觉得问心有愧，最终化解嫌隙，双方言归于好。隋文帝杨坚就是用的这一策略从而平定江南。

开皇十年，也就是公元590年底，一场声势浩大的武装反抗在江南爆发，这惊醒了沉浸在太平梦中的隋朝君臣。

文帝确实没有预料到在江南会出现反抗，既然事情已经出现，他只能想办法应对。当时，文帝并没有乱了阵脚，而是冷静分析。在十一月，文帝认为平定叛乱最好的办法就是派遣杨素率大军出征。当时，杨素治军严厉，赏罚分明，战无不胜，攻无不克，所以被称为"隋朝最具谋略也最为冷酷的军事家"。文帝派遣杨素前往江南进行镇压，并命崔弘度、史万岁、来护儿等骁将协助杨素，以迅雷不及掩耳之势迅速平定叛乱，这足以体现出文帝对江南乱事的重视。

杨素亲自率领水军从杨子津出发，攻克京口，占领晋陵，一路顺势占领。最初，杨素带领将士作战克敌可谓是"手到擒来"，几场战役之后，对方已经溃不成军，处于劣势。但有一点完全出乎杨素意料，由于南方反叛区域较广，有众多的响应者，因此，与敌军步步作战使杨素军队筋疲力尽。在经历"逐捕遗逸寇，前后百余战"后，杨素得以率领军队占领温州沈孝彻，挺进天台。

在江浙地区，隋军取得了重大胜利。但其以南地区的战况却很糟糕。在王国庆围攻泉州百余日时，他杀死刺史刘弘，攻占了泉州城。在王仲宣的号召下，岭南首领响应号召，聚众造反，所以派兵进攻广州，在战争中，为保卫广州，广州总管韦洸勒兵出战，战死在战场上。

看到损失如此惨重，伤亡人数如此之多，文帝意识到一味进行军事镇压，并不是一个特别好的办法，也不是一个长远之计。所以再三思索后，文帝决定任命并州总管晋王广率师增援江南，仍任扬州总管，调秦王俊回任并州总管。

晋王广因为曾是平陈将领，而且还与后梁结亲，娶后梁公主为妃，所以对江南有着深厚的交情。另外，自身所具有的这些优势还使晋王广热爱江南文化，所以，整个朝廷中，就他对江南的感情最深。如果文帝派他回江南做官，这就向江南的百姓表明自己反思对江南的政策，并且开始做出调整，那就是不再过度实行高压政策，更多地为民众着想，实行更多的利民措施。

文帝做出政策的调整，可以从如下事例中看出来。在晋王广到达江南之后，制定全面策略，一是在军事战略上，继续加强对叛军的进攻，命令郭衍率领万人精兵屯京口，对抗叛军，在彻底打败叛军之后，趁胜追击，"讨东阳、永嘉、宣城、黟、歙诸洞，尽平之。"二是对投降的叛敌实行招安政策。陆知命是吴郡富春人，陈灭亡后，被废黜在家，《隋书·陆知命传》曾这样记载："晋王广镇江都，以其三吴之望，召令讽谕反者。知命说下贼十七城，得其渠帅陈正绪、萧思行等三百余人。"

究竟平定江南的这场战争持续了多久，我们无从得知，只知道战争正在进行时，文帝因为杨素"久劳于外，诏令驰传入朝"，下旨表彰厚赏他，以资鼓励，希望杨素能够率军彻底平定江南，消灭反叛势力。此后，杨素再度出征，从海路入泉州，战胜王国庆，并设计处死了高智慧，这标志着江南的反叛基本平定。此次战功使杨素再度升职，于开皇十二年，也就是公元592年七月，苏威被免职，在十二月杨素取代苏威升任尚书右仆射。据此，我们可以得知，平定江南的战争至少持续了一年半之久。有佛教文献这样记载："开皇十一年，江南叛反，王师临吊，乃拒官军，羽檄竞驰，兵声逾盛。时元帅杨素整阵南驱，寻便瓦散，俘虏诛剪三十余万"，可见，战争在开皇十一年，也就是公元591年，仍在继续，所以战争在公元590年就停止的说法是不对的。

据记载，当时江南人口约为六十万，但战争中有三十余万人参加，可见当年战事的惨烈程度。虽然在这场战争中，隋朝军队获胜，但在南方仍然还有许多反隋的势力。就在杨素回朝接受封赏的时候，南方的反抗斗争仍未平息。在开皇十二年，也就是公元592年，刘权被任命为苏州刺史，有史书这样记载："于时江南初平，物情尚扰，权抚以恩信，甚得民和"；而在韦冲奉命巡查括州时，还遇上陶子定和罗慧方聚众围攻婺州永康、乌程诸县，只是被别的军队镇压罢了。因此，杨素回京只是代表如此浩大的军事斗争暂停。此后，由晋王广主持江南大局，大肆实行绥抚政策。从岭南的事就可以看出文帝态度的变化。

陈朝灭亡后，随即，文帝派韦洸进军西南。当时，岭南很多地方都尊称冼夫人为"圣母"，大家共同保护岭南地区，而陈豫章（今江西

盛世先导

杨坚有话对你说

省南昌市）太守徐璒也以南康（今江西省赣州市）为根据地，阻断韦洗进路。看到如此情形，晋王广命令陈后主给洗夫人写信，劝告她归顺隋朝，自此，韦洗进入广州，平定岭南，天下太平。但一年之后，王仲宣因为受不了隋朝的高压政策，所以起兵抗议，杀总管韦洗。为了维持安定，隋朝不得不改变策略，那些居住在溪洞中的部落首领互相交流说："以前的总管，总是以武力来威胁我们，如今的总管有事却是亲笔写信相告，我们怎能违背他呢？"

岭南首领对王仲宣造反一事表示响应。此时，洗夫人已经归顺隋朝并支持隋朝，于是派遣她的孙子冯暄率兵增援广州，但冯暄却支持叛军，所以拒绝前去增援，洗夫人听到这个消息后勃然大怒，派人把冯暄抓了起来，令派冯盎率军出击，冯盎是洗夫人的另一个孙子。在冯盎与裴矩会面后，共同商讨平定王仲宣的策略。为了增加隋朝方面的力量，洗夫人披甲骑马，护卫裴矩巡抚诸州，苍梧（今广西省梧州市）首领陈坦、冈州（今广东省新会市北）冯岑翁、梁化（今广西省鹿寨县）邓马头、藤州（今广西省藤县东北）李光略、罗州（今广东省化州市）庞靖等都前来参谒。值得注意的是，文帝授权裴矩可以根据实际情况或临时变化，不必请示自行决定处理的事情，给他"承制署其渠帅为刺史、县令。及还报，上大悦，命升殿劳苦之"的特权。因为裴矩让当地首领"还令统其部落"，所以"岭表遂定"。另外，由于洗夫人归顺隋朝并立战功，所以被文帝册封为谯国夫人，得以"开谯国夫人幕府，置长史以下官属，给印章，听发部落六州兵马，若有机急，便宜行事"。同时，文帝还封洗夫人的孙子冯盎为高州（今广东省阳江市西）刺史，赦免冯暄，任其为罗州刺史。文帝开始重用当地人管辖，而且还允许地方设置自己的官员，这与隋朝人事任免权尽归中央的基本原则完全不同，这是文帝因地制宜，针对南方社会而采取的特殊政策。

的确，南方与北方是有很大不同的，但隋文帝是在这次平定南方大乱中才认识到的，所以，他开始承认江南社会的特点，只要他们维护国家统一和在政治上绝对服从，隋中央就会具体问题具体分析，只要不违背原则，可以做出适当让步，承认差异性，允许他们在一定程度上保持原有的生产生活方式，甚至组织形式。为了使南方的人民对朝廷没有异议，文帝处罚了那些由中央派往南方却存在不法行为的官员。广州总管赵讷贪污腐败，造成叛军增多。另外，冼夫人还专门派遣长史给文帝上奏，谈论安抚方法，列数赵讷罪状。文帝按法惩罚了赵讷，并写信委托冼夫人招慰亡叛。

文帝改变对南方的高压政策，并不是权宜之计，在文帝统治时期，我们可以从史书上了解到他对南方官吏的管理和政策是不同的，但却是适合的。我们可以从以下几点看出。

作为文帝赞赏的清官，乞伏慧、令狐熙和侯莫陈颖都先后被派往南方任职。乞伏慧任荆州总管，"又领潭、桂二州总管三十一州诸军事。其俗轻剽，慧躬行朴素以矫之，风化大洽。……百姓美之"。在开皇十六年，也就是公元596年，文帝"以岭南夷、越数为反乱"，特派令狐熙为桂州总管十七州诸军事，"许以便宜从事，刺史以下官得承制补授。……熙至部，大弘恩信"，当地溪洞中的部落首领都率军归顺，以前不敢赴任的州县长吏也能够走马上任，贯彻政府权威。另外，令狐熙还在各地加强基础设施建设，创办学校，重视教育，得到各族人民的拥护。仁寿年间，朝廷因为"岭南刺史、县令多贪鄙，蛮夷怨叛"，所以决定通过考试选拔清官前去任职治理，当时侯莫陈颖考绩第一，因此成为最佳人选，应召入朝，文帝专门召见他，在亲密交谈和考察之后，文帝任命他为桂州总管十七州诸军事。侯莫陈颖到任后，果然取得了很好的效果，"大崇恩信，民夷悦服，溪洞生越多来归附"。

自从隋朝中央改变了对江南地区的高压政策，江南社会的原始特色在很大程度上得以保存，隋朝因地制宜，在北方实行的政策制度绝不会强制江南地区也严厉实行，例如北方的均田制，根本不符合江南的社会生产方式，固然不会推行。由于江南反抗是因为隋朝政策不适合自身的发展，所以文帝才改变了对江南的政策，这在隋之前的朝代中是不存在的，这是历史的进步，在中央集权的封建社会中，可以对异质文化表示宽容，这样不仅不会出现君主所担心的分化问题，反而会巩固统治，加强集权。另外，文帝做出转变也是有原因促成的，一方面，江南反抗势力有着雄厚的社会基础，是出乎文帝预料的，同时强大的势力也使文帝意识到了"火苗形成火焰"的恐惧。还有就是文帝有充足的自信能控制住江南，即使放松管辖，也不会出现太大的问题。

隋长城

第五章 杨坚对你说谋略

189

从隋文帝开始，江南得到重视，并不断发展。其实怀柔政策是最快战胜敌人的最佳手段。下面比较一下中西方的怀柔政策。

在中国殷商末期,商纣王沉迷于酒色，置老百姓于不顾，最终爆发起义，被边地的"蕞尔小国"周人所灭。鉴于当时的殷商是有着较高的生产力和文明程度，所以为了安抚殷商的贵族百姓，更为了保持社会稳定，消灭纣王后，周公对殷旧采取了一系列怀柔政策：允许殷商贵族同属民一起居住，保留固有的社会组织形式和风俗习惯，把他们的切身利益损失降到最低，这样可以避免殷商原有的贵族百姓产生强烈的敌意和反抗，从而更好地治理，使他们逐渐适应新朝制度，这就是著名的"启以商政，疆以周索"。

同样，在西欧中世纪初期也有过相似的情况。西罗马帝国由于腐败的政治统治和不当的经济策略，虽然曾经盛极一时，但仍然最终被邻邦蛮族日耳曼所灭。随后，日耳曼人就在原来的罗马帝国领土上建立了很多贵族国家。出于与周公同样的目的，日耳曼人在他们的封国里实行了所谓的"人道主义"，即区别对待，因地制宜。本族人要实行新的统治法，而被征服的罗马人可以保持原有的习惯。只有二者发生冲突时，才以新法为准。这样做，同样使日耳曼人保证了社会的稳定。

中西方的情况虽然有很大的不同，但与实行的"怀柔政策"却有着异曲同工之妙。无论是古代还是现代，"怀柔政策"仍然以不同形式在国家统治中起着重要的作用。例如，在当代中国，由于中国是一个由多民族组成的国家，所以为了安定民众，维护统治，坚持民族平等，民族团结，实行少数民族区域自治制度，发展少数民族的经济文化事业，培养少数民族干部，发展少数民族科教文卫事业，在中国共产党的领导下，中华民族不断走向繁荣。

利用矛盾，达成所愿

　　所谓"以夷制夷"即利用国际关系上的矛盾，联合、利用或依附某国来对付另外的国家，以实现本国的外交目的。下面就看看文帝处理国际关系中的"以夷制夷"的策略。

　　自开皇三年七月之后，突厥汗国因内讧一分为二，成东、西突厥相峙之势。东部为沙钵略可汗、处罗侯可汗阵营，西部为达头可汗、阿波可汗牙帐。开皇初期与突厥之役，隋文帝以离间计使之分裂，从此突厥实力大减，难以对隋朝构成威胁。那么，隋文帝又是如何进一步征服已然分裂的东、西突厥势力的呢？

　　据史料记载，其实未等隋文帝主动出击，突厥早已有人投诚。开皇四年（584年）二月，先是有突厥苏尼部属来降，接着突厥阿波和达头可汗联盟反沙钵略可汗的内战也爆发了，"连兵不已，各遣使诣阙，请和求援"。面对来自各派的求援，隋文帝正欲"坐山观虎斗"，于是均婉言谢绝。至该年九月，沙钵略可汗抵挡不住联军攻势，败下阵来，只好向昔日的败将隋军乞降，求隋文帝发兵助阵，其妻千金公主也上书："自请改姓，乞为帝女"。但文帝认为沙钵略汗虽来降，但其心中并不服气，加之突厥各部实力依然强大，因此，在接纳沙钵略汗的同时，又"遣上大将军元契使于突厥阿波可汗"以示

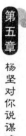

第五章　杨坚对你说谋略

好，试图继续渔翁得利。

到了开皇五年（585年）沙钵略汗在联军进逼下处境堪忧，独力难支，于是"遣使告急，请将部落度漠南，寄居白道川内"。文帝见沙钵略汗部众确已元气大伤，为防阿波、达头汗过于强大，危及隋朝，便接受其请求，施以援手。获得隋朝强有力的支援，沙钵略率余众全力反击，总算挡住了阿波联军的攻势。开皇七年（587年）四月，沙钵略汗病卒，其弟处罗侯继位，是为莫何可汗，依然归附隋朝。莫何汗智勇双全，继位后他用隋朝所赠旗鼓，奇袭阿波，阿波部众以为隋朝出兵支持莫何汗，结果望风而逃，阿波被生擒，交付文帝处置。帝问群臣，答曰："若突厥背诞，须齐之以刑。今其昆弟自相夷灭，阿波之恶，非负国家。因其困穷，取而为戮恐非招远之道，不如两存之。"帝称善，于是饶了阿波一命。开皇八年（588年），莫何汗率战胜阿波部众之势，率军西征，欲一统突厥，然而却中箭身亡，沙钵略汗之子雍虞闾继立，为都蓝可汗。此刻的突厥东有都蓝汗，西有达头汗，势均力敌，故都与隋交好，试图借兵以灭敌方。但都蓝可汗听信大义公主（千金公主）的挑唆之言，竟不按时向隋朝进贡，并多次扰边，试图与大义公主合谋灭隋室，然而，此计划未能实施便宣告失败，原因是隋文帝事先探听到了这一讯息。不过，文帝并没怪罪都蓝可汗，只是杀了大义公主以息事，都蓝却怕文帝怪罪，为表依附之诚意，于是上书求亲以修好。正好此时莫何汗的儿子突利汗染干也上书隋朝求亲，此二人均为东突厥汗，一时难以委决，文帝便问询大臣该如何处置。内史长孙晟说："臣观雍虞闾（都蓝可汗）反复无常，不讲信义，只是因为与玷厥（达头可汗）有嫌隙，所以想依重于朝廷，虽然同雍虞闾和亲，终会叛离，不若与染干（突利可汗）。染干兵少国弱，易控服，使之挡雍虞间，可为边境屏障。"文帝以为言之有理，便以宫室女安义公主嫁突利可汗。都蓝可汗闻讯生气地说道："我，大可汗也，反不如染干！"于是不再向隋朝进贡，绝意于隋，并于开皇十七年（597年）败于西突厥达头可汗后降附了达头，从此达头自称为："七姓大首领，世界七国主"，成为突厥大可汗，都蓝为小可汗。隋文帝见东西突厥又合二为一，便在开皇十八年（598年）发兵剿之。然突厥两部却先于隋袭击了突利可汗，并将其子侄妻女全部杀死，突利可汗只身逃出，彻底投奔了隋朝。

隋军与突厥达头、都蓝两部的战斗随即也展开了。杨素，史称"战魔"，他率大军与突厥以骑兵阵行作战，竟大败达头10余万精兵，达头可汗负重伤而逃，一时间，突厥部众投奔突利可汗之众不计其数，隋文帝趁机封突利可汗为启民可汗，又再许宗室义成公主为妻，命其领众在朔州修筑大利城，安置部属。与此同时，隋军挟勇追击都蓝可汗，结果尚未出塞，都蓝可汗已被其部下所杀，隋军遂还。经过这次战役，西突厥仅有达头可汗一个部众，都蓝可汗死后，其余众皆附于启民可汗，东突厥领地又回到隋军控制之下。

开皇二十年（600年）四月，达头可汗自立为步迦可汗，并率兵侵犯边塞。隋文帝便命晋王杨广，越国公杨素从灵武道（今宁夏银川市东北）出兵，汉王杨谅、大将军史万岁从马邑道（今山西朔县）出兵，同时向突厥进击。两军激战，隋军又再次胜出，大败敌军，追奔80余里。连年战乱，突厥内忧外患，仁寿三年（603年）九月，突厥步迦可汗部内乱，其属铁勒、仆骨等10余部投奔启民可汗。居下泥利可汗被铁勒击败而亡，处罗可汗则因与射匮可汗有隙而逃降隋朝，两突厥从此一蹶不

振，衰败不堪。而东突厥启民可汗则连年朝贡隋文帝，隋朝与突厥的关系由此缓和了下来，由战争转向了和平外交。

隋文帝在位20余年，采用"以夷制夷"的策略，妥善地处理了东、西突厥的问题。尽管这其中有阴谋，有战争，亦有和亲，但无论采用哪种方式，或者综合用之，都没有给隋王朝带来威胁与负累，相反，突厥势力至此渐趋没落。采用"以夷制夷"的外交策略来消除隋朝劲敌突厥，充分体现了隋文帝特殊的政治家才能和务实的治国风格。可见，隋文帝并非浪得虚名之辈，其军事才华也是非常出色的。

"以夷制夷"一词源自于范晔《后汉书·邓训传》："议者咸以羌胡相攻，县官之利，以夷伐夷，不宜禁护。""以夷制夷"属于斗争策略，如果用不好将会适得其反。

忍让也是一种策略

忍让绝不是退让到底，而是暂时潜伏的必要，是形势比人强的曲折求存之术。做人难，办事更难。一个人若能在纷繁复杂的环境中游刃有余地驾驭人生局面，做到逢凶化吉，遇难呈祥，把不可能的事变为可能的事，最后达到成功之目的，需要牢记一个"退"字。退是一种糊涂谋略，更是一种维系生存的手段。面对千难万阻，要顺顺利利地办成事，不懂得以退为进是无论如何都行不通的！

在统一北方的战争中，杨坚表现出了优秀的军事才华。为了表彰杨坚灭齐的功劳，建德六年（577年）二月，武帝任命杨坚为河北定州总管（军区总司令），进位上柱国，杨坚在既定的目标上又向前迈了一大步。

定州是河北的重镇，它西傍太行山，东临宽阔的平原，兵精粮足。杨坚倍加欣喜，他希望在这里大展宏图。恰好他的患难知己庞晃也被派到离定州不远的常山郡（今河北省正定县南）当太守，这样的安排正合两人心意，以后商量大计就方便多了。

就在杨坚准备大展宏图的候，危机却悄悄地降临在他的头上。

杨坚成为皇亲国戚之后，周武帝对他"益加礼重"，由于杨坚地位的骤然上升，引起了一些皇室成员和朝廷重臣的戒心。

建德四年（575年）五月，也就是杨坚成为太子岳父的次年，齐王宇文宪就在杨坚的长相上大做文章："陛下，杨坚有反相，臣每次见到他时，总是不觉失去主意。此人恐怕不肯久居人下。"言外之意，赶紧罗织个罪名把杨坚除掉。

武帝对杨坚印象颇佳，不太信服有关相貌的说法，对于宇文宪的进言，武帝起初并不信从，只是淡淡地说："此人只不过是柱国将军而已，不必多虑。"

武帝对于宇文宪等人及早铲除杨坚的意见，表面上或许不在意，但是，一想到宇文护擅权的时代对自己的打压，武帝也并非毫不动心，隐隐约约感觉到和杨坚联姻也许就是一种不幸的历史错误。于是武帝秘密地把术士来和召到宫中，隐讳地说："来术士，你能从随公的相貌上看出点门道吗？"

来和平时和杨坚关系不错，没想到武帝会问到这么严重的问题，必

第五章 杨坚对你说谋略

195

须小心回答，一旦失言，后果将不堪设想。

来和灵机一动，机警地回答："随公只是一个本分之人，可镇一方，若为将军，战无不胜。"

一出宫，来和就迫不及待地找到杨坚，告以实情，杨坚称谢不已，对来和发誓说："您的大恩大德我此生难忘，将来一旦成就大业，定当厚报。"

话虽如此，武帝还是对相貌奇特、出身将门、且有军事才能的杨坚放不下心。一直寻思："随公这人可靠吗？朕百年之后，太子登位，随公该不会窃政吧？"

当今时代，有极少数人也对面相相信不已，所谓的面相云云，看似迷信，其实也有一定的道理，不是有句话叫"相由心生"吗？一个人的相貌、气质、面部表情，是内心世界的反映。一些人认为杨坚有反相，其实就是杨坚偶然流露出来的霸气、傲气等所形成的气质，让人觉得他不流于俗。在那个迷信泛滥的年代，人们就把这种相貌定为"反相"。

武帝担心杨坚日后窃政，主要是因为自己立了个不争气的儿子当太子。

武帝所立的太子宇文赟是一个很令人头疼的纨绔子弟，他一捧起书就犯困，一部《论语》读了半年还不解其意，就更别提背诵了。老师再三叮嘱："太子殿下，《论语》务必要好好研读，否则将来何以君临天下？"

无论老师怎么引导，太子就是无心向学，还振振有词："刘邦也不会背诵《论语》，他还无赖呢，照样打江山。"气得老师无言以对。太子最爱的是稀奇古怪的事物，什么侏儒搞笑、巨象巡游、虐马、剥驴皮，对这些事物无比用心，甚至通宵达旦地玩耍。

武帝的初衷就是想把这个儿子培养成自己未来的接班人，谁知，这个儿子没像自己设想的那样成才，竟然生性顽劣、失德寡能、专爱惹是生非。武帝苦恼到了极点，自己英明一世，怎么会生出这等犬子。遥想宇文泰立足关中时代，各路英雄都没受到过系统的教育，但个个都有治国的能力，自己的儿子自幼给他请最好的老师，最好的陪读，各种教育皆从娃娃抓起，结果竟教育成了这般模样！

建德五年（576）8月，宇文赟作为太子征伐吐谷浑，武帝主要是让他体验一下实战经验。太子却在军中频频失德，让人看笑话，从征的王轨将此事奏闻武帝。王轨，北周的帷幄重臣，曾参与诛杀宇文护的密谋，是武帝的心腹。

武帝大怒，把宇文赟及其身边的跟班狠狠地揍了一顿。尽管挨了揍，宇文赟全然不知悔改，过几天，好了伤疤忘了疼，与心腹郑译等人吃喝玩乐如初。郑译竟然说出大逆不道的话来："殿下何时能掌管天下啊，臣等不及了。"宇文赟觉得郑译这话说到自己心坎去了，更加喜欢郑译。

知子莫若父，武帝对不成器的儿子管教愈加严格，亲自制订了一套教育太子的方案。规定太子和朝臣一样早起朝见，即使数九隆冬，也不许太子睡懒觉。武帝认为，越是地冻天寒，越能收到锻炼身心之效。武帝又知道太子喜欢喝酒，便不许酒入东宫。太子一有过失，武帝便用鞭子、棍子教育之。为了能把太子的知识水平提高上去，武帝还特意给他配置了最好的老师，挑选了一批有德有才的官员入驻东宫。这些老师除了给太子上文化课外，每个月还要记录太子的日常表现。甚至还规定让太子一年深入民间一次，以真切体察民风民俗。

武帝想尽一切办法就是让儿子早成气候，可怜天下父母心！

迫于武帝的威严，太子把表演的天分发挥得淋漓尽致，人前装得人模人样，背地里坏事做绝。

即便如此，武帝的教子效果收效甚微，太子越来越不像话。朝中大臣对太子的品行了如指掌，他们认为总有一天太子会把武帝建立的基业给败坏掉。出于对江山社稷的考虑，王轨曾经严肃地向武帝进言："皇太子非社稷之主，将来恐怕难以承担大业。"

还有一次在宫廷宴会上，借着给武帝上寿的机会，按照当时的风俗，王轨半开玩笑地捋着武帝的胡须："这么好的父亲，可惜没有好儿子。"好强的武帝，一听这话，恨不得找个地缝钻进去。

武帝当然了解自己的儿子，但他是自己的血脉，关乎国家未来的命运，不可轻言放弃，即使是扶不起来的阿斗也要扶。再说，次子宇文赟同样是一块烂泥，其他儿子年纪都小。武帝甚至想跳过儿子，索性立弟弟齐王宇文宪为帝。这个想法一出现，内心不免波涛汹涌，中国皇帝是父死子承的传统，一旦不遵守这个礼法，会不会影响江山社稷的稳定？宇文宪再怎么优秀，毕竟那是弟弟。父子之间才是最近的血缘关系，舍近求远，合适吗？

立宇文赟为未来皇位继承人，实在是没办法的事。

武帝没有办法塑造好无能的儿子，唯一的办法就是自己在世时选好太子身边的辅臣，希望这些辅臣将来能把太子这块烂泥扶上墙。出于这样的考虑，武帝特别留意与太子有关系的人，他注意到了太子的岳父杨坚，将来无能的太子即位后，根本不是杨坚的对手。再联想到有人说杨

坚有反相，武帝不禁心惊肉跳，愁得睡不着觉。

王轨有时候直接提到杨坚："皇太子将来肯定担负不起国家的重任，杨坚有反相，还是趁早为太子扫除障碍吧，以免养虎为患。"

武帝听后越来越惊惧，又一次询问术士来和，来术士早已和杨坚打得火热，当然坚持原来的说法："没什么异相，充其量就是个大将军。"

木秀于林，风必摧之。杨坚的仕途扶摇直上，大臣们一次一次提醒武帝要警惕杨坚。武帝有心灭掉杨坚吧，又找不到一条合适的理由治他的罪。武帝毕竟是一代仁君，一想到杨坚是国之栋梁，又是自己的儿女亲家，人命关天的，他总也下不了手。无奈地对王轨说："凡事都是命，顺其自然吧。"

尽管杨坚知道武帝不会滥杀无辜，但在听到一些风言风语后，心里总是有些不踏实，伴君如伴虎啊，杨坚告诫自己在言行上一定要更加谨慎。看来，还得继续低调，凡事不能出头露面。他深知，藏住了锋芒，就保存了实力。

尽管杨坚一直是朝廷的威胁，但杨氏家族、独孤家族的势力不容小觑，想扳倒杨坚绝非易事，加之他又是太子的岳父，一些明枪暗箭无论如何也是奈何不了他的。

武帝一想到杨坚，总有一种如鲠在喉的感觉。如果不加剪除，毕竟后患无穷。思来想去，武帝觉得还是在杨坚的官位上做点文章吧。杨坚在灭齐战役中表现不凡，执掌了河北大权。武帝觉得这么重要的地方让杨坚负责，将来恐怕生变。于是就在公元577年12月29日，下令将上任不到一年的杨坚调到毗邻南朝的兖州（今安徽省亳州市）任总管（军

第五章 杨坚对你说谋略

盛
世
先
导

杨坚有话对你说

区总司令）。当时的兖州，远离京师，属于北周边境，谁也不愿意去此地发展。

改任兖州，无疑是将杨坚发配了。

杨坚接到调令，自然明白是怎么回事，他一想到隐忍多年，结果落得个发配边疆的下场，心里越发不平衡。尽管遇到这样的不公待遇，他也没有把不满写在脸上，而是狠狠地忍下了这口气，收拾行囊，像无事人一样走上了荒凉的古道……

一般人遇到委屈的事情，忍了就忍了，也没什么大不了的，但又怕憋屈坏了，把委屈向别人一吐为快才觉得心里好受，这叫"忍气"。而忍下这口气又把所有的委屈都藏在肚子里不向别人倾诉，这种人就很少见，到这个水平，就上升到"吞声"的境界了。我想，杨坚就达到了这个境界，他做到了"忍气"，也做到了"吞声"，这是非常了不起的。

可见，人的一生中，总会遇到很多让一般人感到生气的事。但是，如果我们能把发怒的心态转换为感激的心态，就能化怒气为祥和，到达高尚的精神境界。感激伤害你的人，因为他磨练了你的心志；感激绊倒你的人，因为他强化了你的能力；感激欺骗你的人，因为他增长了你的智慧；感激斥责你的人，因为他让你学会了忍耐；感激生命中所有结缘的众生，因为他们的存在使你的人生丰富多彩。正是所谓"人能百忍自无忧，天天都是好日子"。

生活中，工作上，可能会遇到挑剔的上司，纠缠于鸡毛蒜皮之类小问题的同事，时常吵上两嘴的爱人，不满足的预期，等心烦气恼的境况。如果一时气上心头，大吵大闹一番，气是撒出去了，当时心里舒服了，可回头还是难免要赔礼道歉，还会破坏在周围人眼中的好形象。而如果能够学会适度的隐忍和让步，明白不斤斤计较就是一种豁达，不过分执著，自然会达到忍一时风平浪静，退一步海阔天空的境界，得到一份破去烦恼平和的心态，化不利为有利，转换局面。

左右逢源，笼络人心

"左右逢源，笼络人心"是一种与人交往的策略。只有让别人信任你，觉得你好，才可能被你利用，才能站到自己的阵营里。

北周宗室中还有一位使杨坚感到头疼。这个人就是周宣帝宇文赟的弟弟宇文赞，他是周武帝的皇后李娥姿所生。周武帝曾经有两个皇后，一个姓阿史那，是北方突厥人；一个姓李，是南方楚人。前者生了周宣帝宇文赟，后者生了宇文赞。周武帝有七个儿子，但只有这两个儿子的母亲贵为皇后。宇文赞在众弟兄中的地位可想而知。

杨坚辅政后，为顺和人心，并没有立即改变宇文赞的尊贵地位，而是进其位为上柱国、右大丞相。但杨坚是左大丞相，因为有百官听命于左大丞相的规定，所以右大丞相实为虚名，它只是杨坚对宇文赞外示尊崇而已。杨坚辅佐新皇帝，宇文赞虽然也居禁中，与杨坚同帐而坐，但实际上只是个摆设。

后来，杨坚慢慢地连这个摆设也觉得多余，妨碍自己的事，便和刘昉商量出一个办法，客客气气地将宇文赞请了出去。

一天，刘昉将几个家妓打扮得漂漂亮亮的，进献给宇文赞。宇文赞非常高兴，连连称赞刘昉的忠心。趁此之机，刘昉假装为他着想，悄悄地对他说："大王是先帝之弟，众人都对您寄予厚望。现在天子太小，怎能担当大事！将来国事全都靠您了。然而现在情况很糟糕，先帝刚刚驾崩，人心纷扰不定，万一危及到您，大周的将来便无所依靠，先帝之基业将会付之东流。不如您暂时回家养尊，让左丞相稳住局势以后，您再入朝安安稳稳地享天子之福，执天子之权，这才是万全之计。"当时不满20岁的宇文赞，哪里知道刘昉甜言蜜语后面的真情，还真以为刘昉是为自己出了个好主意，便欣然接受了。

就这样，杨坚运用各种巧妙的手段，顺利地完成了控制北周宗室的艰巨使命，为自己后来的禅代奠定了基础，创造了初步的条件。

杨坚的精明，在于他能巧妙地回避矛盾，更在于他能左右逢源地笼络人心。

清朝人赵翼曾说："古来得天下之易，未有如隋文帝者，以妇翁之亲，值周宣帝早殂，结郑译等，矫诏入辅政，遂安坐而攘帝位。"

杨坚既没有父子世袭的名分，又缺乏身经百战的威武，但却能轻易取得辅政之位，首先是他得益于极佳的机遇；其次便是杨坚从开始辅政之日起就逐渐树立自己的威严，处事十分注重个人威信和尊严。

杨坚采取施恩的态度笼络人心，树立自己的尊威。

刘昉、郑译拟假诏让杨坚辅政，虽是矫诏，遭颜之仪的责骂，但它毕竟为杨坚撑起了一面人人见而生畏的"大旗"。

不过，就在刘畴等向颜之仪索取皇帝的符玺时，颜之仪仍义正词严地反问道："符玺乃天子信物，自有保管它的人，宰相凭什么索要呢？"杨坚闻听此言，不由大怒：天下竟有这等不识时务的人，三番五次与我作对！

　　杨坚的怒只是怒在心里，尽管他恨不得立刻将颜之仪拉出斩首。杨坚此时强压怒火，是因为他认为颜之仪声望甚高，杀了他对自己不利。但他也决不会毫不理会，显得自己软弱无能。后来杨坚将颜之仪贬出朝廷，作西疆郡太守。

　　杨坚对颜之仪的处理，显示出他已具备了执天下所应具备的最起码的能力，反映了他处事谨慎稳妥的态度。仅这件事，杨坚收到了三方面积极的效果。首无，符玺安全地得到了。第二，罢免颜之仪，向众人显示了自己不可冒犯的威严。这是极其重要的效果。第三，也显示了他对士人的宽容，从而进一步取得了汉族士人的拥护，笼络了人心。

　　那么在现实中，笼络人心就得施用实惠加情感。请客吃饭是一种方法，但是此法太肤浅，容易失效。因为在席上食客可能要对你讲些恭维你的话，饭后酒醉醒了，他卑视和不服你的心态又冒出来了。所以说笼络人心采用请客吃饭法只是下策。上策就是你要一视同仁，不论是年老还是年轻的人，你都要在平时关心和尊敬他们，当听到他们家中有困难或有人生病住院治疗时，你一定买礼品去慰问他。因为人在不幸的时候，最需要他人去安慰和鼓励。这个时候，取得的效果无疑是巨大的。

沉着应对，化解危机

第五章 杨坚对你说谋略

　　优秀的领导在遭遇困难的时候，他们所采取的出路就是适应时事，或者坚持进取方向，调整进取策略，或者改变进取方向，进行大规模的战略调整。

文帝在登基不久迅速控制了朝中局势。但就在这期间，地方上比朝中局势还要复杂，边界线上频传急报。当时，北方的突厥族对中原虎视眈眈，成为北周北部沉重的包袱；南方的陈朝据险对峙，对南部形成极大的威胁。这种局势下，只要中原发乱，各种敌对势力就会立即乘机发动攻击。

杨坚控制了北周朝廷，犹如棋手获得了整个布局的主动权；但如何布局，却同样关系到全局的成败。甚至合理的布局比取得北周朝廷控制权更重要。所以，杨坚取得辅政地位，控制了北周朝廷后，便迅速地开始在各地安插亲信。

杨坚认识到了形势的紧迫性，他心里十分清楚可能会出动乱的地方，于是针对这些地方的不同形势，他制定了几个重要的战略计划：第一，在幽州（治所在今北京市）布置亲信，以防止北方突厥乘乱南下。第二，在并州、怀州、洛州、郑州、绛州一线安插亲信镇守，以形成对关中首都拱卫的铜墙铁壁。第三，在亳州、徐州、淮南、和州一线安插亲信领兵，以防止南朝势力北上。这样的布局，基本上可以从北、西、南三个方面形成对山东、河北地区的包围。杨坚这样的战略意图使他对这一批亲信的挑选颇费了一番脑筋。

首先，在幽州方面，杨坚选择了于谨的儿子于翼。杨坚辅政时，于翼被任为幽州总管。同时，于翼的弟弟于智被派镇绥蜀道，于翼的侄子于仲文被任为领河南道行军总管，另一个侄子于顗，被任为东广州（治所在今江苏扬州附近）刺史。于文仲曾说，在杨坚辅政期间，他们"外父叔兄弟，皆当文武重寄，或衔命危难之间，或侍卫钩陈之侧，合门诚款，冀有可明"，可见于氏家族与杨坚关系之密切。他们能成为北方防线的强大力量，是杨坚正确的选择之一。

其次，杨坚又先后选择了李穆、窦荣定、元景山、王谊、韦世康、杨素、韩擒虎等人，及与他们有密切关系的智勇多谋且可靠的人。杨坚经过认真考虑，因各人的情况而确定他们应为自己留守什么位置。

李穆，陇西成纪人，与独孤信、杨忠等人关系颇深，是杨坚通过父辈关系拉拢的亲信之一。杨坚认为他既有旧德，"且又父党"；选择他任并州（治所在今山西太原西南）总管；同时，李穆的侄子李崇，英勇果敢，又有筹算；杨坚利用叔侄之亲，派李崇作怀州（治所在今河南沁阳）刺史；使这叔侄二人好似两把尖刀牢牢地插在西部要害部位。

窦荣定，扶风平陵人，杨坚培养的亲信，是杨坚的姐夫。其亲戚家人当然是最可信任的人，当然应该身居要位了。杨坚辅政开始后，任窦荣定领左右宫伯，镇守天台。不久，因洛州的地位更为重要，他又让窦荣定作洛州（治所在今河南洛阳东）总管，牵制洛州周围各地。

北魏宗室元景山，本是韦孝宽的手下。韦孝宽遭宇文亮袭击时，元景山曾率300铁骑力战相救，是一难得的勇将。杨坚对韦孝宽极为信任，因此辅政后仍以元景山为亳州（治所在今安徽亳县）总管。元景山是宇文残余势力的直接对头。

杨坚选择的王谊，是河南洛阳人。二人是旧时同学，情深似海，后来他们干脆结为儿女亲家，更加深了亲密的关系。杨坚辅政后，王谊被任为郑州（治所在今河南许昌）总管。

杨坚选择的绛州（治所在今山西绛县）刺史韦世康，京兆杜陵人，

第五章 杨坚对你说谋略

世为关右望族，北周末曾为司会中大夫。可以说，杨坚对韦世康极为信任，而且对他寄予重望。面对国内复杂多变的形势，杨坚曾忧心忡忡地对韦世康说："汾州、绛州过去是北周、北齐的分界，因此这个地方最容易动荡。我现在把它交给你，希望你能好好地镇守。"

杨素，世家为朝廷重臣，其爷爷在魏时为辅国将军、谏议大夫。其父杨敷，在北周任汾州刺史。杨素在年少时放荡不羁，胸怀大志，不拘小节。外人都看不出，只有他的从叔祖、魏时的尚书仆射杨宽深深理解，常常对子孙道："处道当逸群绝伦，非常之器，非汝曹所逮也。"后来，杨素与牛弘相好，两人有相同的志向且都好学，精于学问，兵法文典无所不通。杨素善于作文，且长于书法，略知占卜。杨素有英杰之表，气度非凡。宇文护曾引杨素为中外记室，后又转为礼曹，加大都督。武帝执政时，杨素因父亲未蒙负诏命，上表申理。武帝不答应，杨素并不罢休，再三上表。武帝大怒，命左右斩杨素。杨素却义正词言地大声道："臣为不讲德行的天子效命，死是命中注定的。"武帝很佩服他的胆识，于是反怒为喜，赠杨敷大将军的称号，谥曰忠壮。又拜杨素为车骑大将军、仪同三司，待他礼遇甚厚。武帝命令杨素写的诏书，辞义兼美。武帝很赏识杨素，多次对杨素道："善自勉之，勿忧不富贵。"杨素回答道："臣但恐富贵来逼臣，臣无心图富贵。"在平齐战役中，杨素战河阳，拔晋州，苦战鸡栖原，屡立战功。杨坚辅政后，杨素与杨坚关系十分密切，杨坚任他为徐州（治所在今江苏徐州）总管。

韩擒虎，河南东垣人，因性格豪爽，容貌伟岸，胆识过人，深谙谋略，又好读书，遍览经史百家书籍，被杨坚纳为亲信。韩擒虎是经高颍举荐被杨坚接纳的，杨坚让他做了和州（治所在今安徽和县）刺史。

通过布置这些亲信，杨坚基本上完成了他的战略计划。它为杨坚的代周建隋奠定了坚实的基础。

当面对危机时，杨坚沉重冷静，分析局势制定策略，可见隋文帝杨坚的过人之处。

在当今这个充满激烈竞争的时代，任何一个领导都不可避免地会遇到某种危机的挑战。在危机面前，领导者必须勇敢地面对危机，冷静分析，沉着应对，除了积极采取补救措施应对外，如何将坏的情形扭转过来，并且化危机为机遇，不断挺进崛起。要很好地做到这一点，不妨从以下方面着手：

（1）让危机在自己面前自动化解。

①抓住问题的关键所在。

抓住问题的关键。在许许多多复杂的，大大小小的难题中，有的难题是其他问题的焦点，更是解决一大堆难题的中心一环。因此，抓住这个重中之重，其他问题就会迎刃而解。

当然，找出了矛盾的焦点，在解决过程中还需要多方面的、综合的配套措施，也就是说要从全局着眼，并为解决其他问题打下一个良好的基础。当然，这需要总揽全局，目光敏锐，坚决果敢。

加拿大航空公司由于经营不善，长期亏损，累计债款达24亿加元。企业背上了沉重包袱。在这种情况下，公司请来了享有"解决难题高手"的美国人哈里斯做公司总裁。哈里斯不负众望，在短短三年内，就使财政收支平衡，并有1亿加元的净利。

②借风上青云。

企业一旦陷入了危机，领导不仅要从自身来挖掘潜藏的进取力，更要学会巧妙借他人之力使自己不断发展壮大。

③选择摆脱危机的主攻方向。

在摆脱危机的过程中，领导们会选择一个主攻方向来进行突围。众所周知，如果四面进取不仅会使力量分散，而且还徒劳无功。所以进取力必须集中在一点，但进取方向的选择又是一个大问题。根据常规思维会从薄弱环节进取，但在某些特定情况下，一个高明的领导反而会选择擒贼擒王，这样可做到进取力集中，而且一旦进取成功，"大王"被擒，"小贼"就会顺风而倒。

④适应形势，随机应变。

一个组织如果只是活在今天的世界、今天的成就中，那它必将会被这个瞬息万变的社会所淘汰。世事沧桑，一切都在变。所以，只是维持现状就必不能在变动的明天中生存。

（2）高人之举，化危机为机遇。

任何事物都是一分为二的。不能单从一方面去分析。突发事件会带来危机，危机也必然会带来破坏和损害，但是在危机中也往往蕴含着机遇，在突发危机中更是如此。

可是，这种机遇常常是隐藏在危机背后的，和危机混在一起，而且以极快的速度闪现又消失，让人很难去把握。

通常情况下，人们只会手足无措，危机所造成的混乱就已经让他们无可奈何了。

一个高明的领导则会泰然处之，他们不仅看到了紧张和混乱，而且也看到了稍纵即逝的机遇，趁它还没来得及逃逸，便已牢牢地抓住它用来化解危机。甚至可以借用危机中的机遇来增强进取力。这样不仅可以避免损失，而且还会解决在正常情况下无法解决的问题。

韬光养晦，以待时机

隐藏才能，不使外露这是韬光养晦的意义所在，文帝杨坚在铺政时就深知此计，以免树大招风，惹来杀身之祸。

公元567年，杨坚与独孤信的女儿结婚。这时正是独孤家落魄的时候，独孤信被宇文护逼死近10年。独孤信的长子独孤罗此时正在东魏，次子独孤善被罢官免职，久废于家。杨坚在这个时候与独孤氏结婚，说明了他与独孤家的感情。

公元581年，杨坚称帝后，立即下了一道褒扬、歌颂独孤信的诏书，字里行间流露出对其被害的不平，说明他对独孤信之死是很痛心的。

公元572年，周武帝诛宇文护，宇文护的儿子宇文会、宇文至、宇文静、宇文乾嘉、宇文乾基、宇文乾光、宇文乾蔚、宇文乾祖、宇文乾威等都被杀。宇文护的长子宇文训当时任蒲州刺史，也被召回赐死。另一个儿子宇文昌正出使突厥，也被武帝派去的人所杀。宇文护的亲信柱国侯龙恩、大将军侯万寿、刘勇、中外府司录尹公正、袁杰、膳部下大夫李安等人也被杀死于殿中。宇文护的长史叱罗协、司录冯迁及宇文护所亲信的其他人都被免官除名。可见武帝对宇文护集团清除得干净彻底。杨忠、杨坚全都安然无恙，不但安然无恙，杨坚还得到周武帝的信任和

提拔。这说明杨忠父子没有屈从宇文护当时炙手可热的权势。

周武帝时，内史王轨曾说杨坚有反相，虽然武帝对此不以为然，但杨坚听了以后，仍然"甚惧，深自晦匿。"

杨坚是怎样深自晦匿的，史书记载语焉不详。但我们翻阅史书，可以发现这样一种情况，所有史书对杨坚在北周功劳的记载都是一语带过。如《周书·武帝纪》记载：建德四年（575年），周武帝亲率六军伐齐，命"齐王宪（即宇文宪）率众二万趣黎阳，随国公杨坚、广宁侯薛迥舟师三万自渭入河。"建德五年（576年），武帝率左右三军再次伐齐，"以越王盛（即宇文盛）为右一军总管，杞国公亮（即宇文亮）为右二军总管，随国公杨坚为右三军总管。"建德六年（577年），齐任城王高谐"在冀州拥兵未下，遣上柱国、齐王宪与柱国、随公杨坚率军讨平之。"《隋书·高祖纪》记载得更简单；"建德中，率水军三万，破齐师于河桥。明年，从帝平齐，进位柱国。与宇文宪破齐任城王高湝于冀州，除定州总管。"《北史·隋本纪》则只有两句话："后从周武平齐，进柱国又与齐王宪破齐任城王湝于冀州，除定州总管。"

《周书》、《隋书》、《北史》都是唐朝时撰写的史书。唐朝史官在撰写周、隋的历史时，其材料来源是周、隋时所留下的典籍。上述史籍记载的杨坚参与的军事行动，第一次无功可谈。据史籍记载，这次东伐，因周武帝生病，无功退军。杨坚所率领的水军也焚舟退军。为什么要把船烧掉呢？著名的历史学家胡三省分析说，黄河水东流湍急，周水军是逆流西上，而且东魏追兵马上就要追来，所以杨坚要把战船烧掉，由陆路退回。若真像胡三省所分析的那样，这次杨坚的退军也真够狼狈了。然而《隋书》为给杨坚树碑，把这次败军也作功劳记进去。这说明周、隋所留下的关于杨坚在周时的军功材料真是太稀少了。

是杨坚无功可记吗?

建德五年,杨坚所参与的伐齐之战,是历史上著名的统一北方的战争。这次战争,首要的攻击目标是北齐重镇晋州(治所在今山西临汾),敌人若派兵来救,就在晋州歼敌援军,然后乘胜东进,攻取北齐国都邺城。当北周军进至晋州汾曲(今山西临汾南)时,周武帝分派诸将把守要地,以阻击北齐各路援军,又命凉城公辛韶率步骑5000镇守蒲津关(今山西永济西),以保障后方安全。然后命内史王谊督诸军进攻平阳。在这次战役中,右一军主帅宇文盛率步骑1万把守汾水关。杨坚在这次战役中作用是什么?功劳如何?没有记载。但有一个事实不容忽视:周武帝攻下平阳后,柱国宇文招、陈王宇文纯、越王宇文盛、杞国公宇文亮、梁国公侯莫陈芮、庸国公王谦、北平公寇绍、郑国公达奚震都因功被升为上柱国,"诸有功者,封授各有差"。杨坚也被进位为柱国。这说明杨坚在这次战役中,或参加阻击,或参加攻城,并且立有战功。

建德六年,杨坚受命与宇文宪一道攻伐占据冀州的齐任城王高湝,这是扫除北齐残余势力的一次重要战争。当时离湝、高孝珩据守信都(冀州治,今河北冀县)。周武帝先让已经作了俘虏的齐后主给高湝写信,劝其投降,保证优待。高湝拒不接受,并用高价招募僧人,使部队战士数量大增。当宇文宪大军开至信都附近时,抓住两个高湝派来侦探军情的间谍。宇文宪便把所有北齐降将招集起来,让这两个间谍看他们所受的优待,然后对他们说:"我所要夺取的是冀州这个大城,不是你们。现在放你们回去,你们要为我使用。"当宇文宪大军开至信都城下

时，高湝的领军将军尉相愿请先出战，但却临阵反戈，投降北周。高湝大怒，杀掉尉相愿的妻子儿女，以示和北周军血战到底。经过一场恶战，俘斩齐军3万多人，生擒高湝、高孝珩。史书记载，宇文宪"素善谋，多算略，尤长于抚御，达于任使，摧锋陷阵，为士卒先，群下感悦，咸为之用。"这次战斗，对宇文宪功劳的记载真是够充分的了，但是对杨坚却只字未提。岂有同受君命，同攻一城，而对胜利寸功未立的道理？这里同样有一个不容忽视的事实：在这次战役后不久，杨坚即被提拔为定州总管。杨坚在平定冀、定二州中立有军功是不喻自明的。

如果联系杨坚此时正受宇文宪、王轨等人猜忌的事实，这期间史书上对他功劳记载甚少的现象就可以理解了。

杨坚有意隐匿自己的功劳，以减少别人的注意和猜忌。可见杨坚韬光晦迹之计。

历史上最有名的有关"韬光养晦"的典故，则出自《三国演义》。其中第二十一回"曹操煮酒论英雄，关公骗城斩车胄"载："玄德也防曹操谋害，就下处后园种菜，亲自浇灌，以为韬晦之计。关、张两人曰："兄不留心天下大事，而学小人之事，何也？"玄德曰："此非二弟所知也"。两人乃不复言。"一日，曹操摆下酒筵来试探刘备的野心，问刘备天下有哪些英雄，刘备列举了当时叱咤风云的一些人名，就是不提自己。《三国演义》载："操以手指玄德，后自指曰："今天下英雄，惟使君与操耳。"玄德闻言，吃了一惊，手中所执匙箸，不觉落于地下。时正值天雨将至，雷声大作。玄德乃从容俯首拾箸曰："一震之威，乃至于此。"操笑曰："丈夫亦畏雷乎？"玄德曰："圣人迅雷风烈必变，安得不畏？"将闻言失箸缘故，轻轻掩饰过了，操遂不疑玄德。

　　曹操就是一个极其多疑而没有安全感的人，为了防止别人暗杀自己，他连给他盖被的侍卫也杀了，且说："吾梦中好杀人！"可见在古代和帝王权贵相处的危险性，难怪古书上有伴君如伴虎之说，真的一点都不为过。由于帝王权贵缺乏安全感，生性好疑，常好杀人！在其身边相对弱小的群体为了保护自己，韬光养晦这种生存艺术就应运而生了。

第六章

杨坚对你说 创新

历史是在创造中前进的，没有创造，就没有前进。凡是有作为的领导者，在其任职期间都想有所建树，都想使自己所领导的事业有所创造，有所发展，有所前进。领导者的创意，必然要激发群众的创造性；领导者带给员工的新观念、新思想、新意识，会使社会或团体产生进步和发展的动力，鼓励他的员工朝着这个目标而奋斗，而努力。古代帝王杨坚就是这样一位具有远见卓识的创新者。

用新环境激发员工创新能力

良好的创新氛围不仅能够让员工获得舒适的工作环境，愉快地工作，更重要的是，它可以让员工从心底里感受到公司对自己的关怀，能够充分发挥自己的聪明才智，专心致力于创新事业，从而保证企业在竞争中获胜。

杨坚主政首先为自己的员工建造一个良好的工作环境——新建都城，来为江山繁荣创造新环境。

杨坚代周称帝，建立隋朝之后，依然定都于长安。长安自西汉以来，就是国家的政治、经济、文化、中外交往的中心，已有800年的历史。魏晋以后，长安迭遭战乱的毁坏，受到无数次的洗劫，虽几经修复和重建，但其残旧和破损仍历历可见。隋代之前，建都于此的西魏和北周，都是短命王朝，西魏仅21年，北周也只有26年。雄才大略的隋文帝所要建立和统治的是以汉族为主的统一强大而欲长久的封建王朝，不甘心再在短命鲜卑王朝的都城中继续自己的政治活动，他在考虑建造一座新的帝国都城。

中央政治体制的构建进展十分顺利，隋文帝大为振奋，各种建设新帝国的设想不停地涌现，他心潮澎湃。随着新帝国的轮廓逐渐明朗，他不由地想到，这幅蓝图须要重重地加上画龙点睛的一笔，那就是建造一座不同凡响的新都城，作为帝国的象征。

长安，这座渭水之滨的历史古都，留给人们多少辉煌灿烂的追忆，在华夏文明的摇篮中，她格外光彩动人。太遥远的历史不去细说，统一大帝国的脚步却是从这里迈出的。据说，秦始皇当年构建的都城宫阙，被项羽的一把火烧成废墟，这把火足足烧了三个多月！烧去了人们对秦王朝的怨恨，同时也点燃人们心中新的希望。刘邦建立汉朝，还是选择在这片让人魂牵梦萦的黄土故地构建帝国的都城。

黄河由西向东滔滔奔涌，在进入黄土地时突然掉头向北转了一个大圈，顺着吕梁山南下，从北岳华山东边的潼关重新上路，东流入海。如此神奇的一笔，把关中平原拥抱入怀，母亲般地呵护哺育，使得关中平原从地形到经济、人文条件都得天独厚。司马迁在其不朽名著《史记》里，不无偏爱地说："关中之地，于天下三分之一，而人众不过什三；然量其富，什居其六。"的确，站在黄土高坡向东眺望，地势由西向东低斜延伸，逐渐开阔起来，不由得胸中涌起居高临下气吞山河的豪情，难怪古人总以为这里汇聚王气，辅助隋文帝创业的元勋更是这么想的。元老李穆就认为曹魏和西晋弃关中而都洛阳，所以都未遑宁处，只有西魏和北周立都长安，故能平定天下。往事历历，而今，隋文帝伫立于此，又怎能不心逐黄河：天降斯人，再现并超越昔日大汉帝国的荣耀，舍我其谁！

而且，自东汉丧乱以来，长安屡遭兵燹，都城破败，水源亦遭污染，若不彻底整治，确实难以再作都城。然而，这些都是表面上的理由，在隋文帝心中，还有更深的想法。开皇二年（582），他在营建新都诏书里说："羲、农以降，至于姬、刘，有当代而屡迁，无革命而不徒"，也就是说，从三皇五帝直至汉代，没有革命创业者不迁都的。这句话，确实透露了他的抱负。

回首眼前的长安旧城，不但规模狭小，和心中构想的世界帝国很不相称。而且，皇城偏在大城西南隅，不在中轴线上，不能体现天子堂堂正正君临天下的气度，更难让人满意。因此，有必要按照自己心中的设想，构建全新的都城。

当然，这座城市曾经发生过一幕幕政治清洗的惨剧，尤其是对北周皇室的族诛，这些阴影恶梦，搅得隋文帝心神不安，夜色降临，仿佛"宫内多鬼妖"。他心里明白，北周旧臣并不见得都拥护他。冤魂聚结为魑魅，恭顺掩盖着阴谋。所以，他要离开这里，要造一座高大雄伟的都城镇住它们，也给自己壮胆。

隋文帝在心理上并不是一个真正的强者。《隋书·礼仪一》记载："初，帝既受周禅，恐黎元未惬，多说符瑞以耀之。其或造作而进者，不可胜计。"营建新都的背后同样潜藏着别人不易觉察的动机，他渴望高大，渴望神圣，渴望证明自己上膺天命而赢得臣下万民的心悦诚服。唐宋时，流传着这样一则故事：

长安的朝堂，就是过去的杨兴村。村门前的大树现在还在那里。当初南朝周代有个非同一般的和尚，号叫枨公。说话不清楚，不真切，但大多数话都得到了验证。当时村人在这棵大树下集会议事，枨公忽然来驱赶他们说："这是天子坐的地方，你们为什么要在这里停留"。等到隋文帝即位，就有了迁都的想法。

其实，他早就看好了一块风水宝地，位于汉都城东南面，属北周京兆万年县，名为龙首山。名字本身就够气派十足，更何况这里山水秀丽，"南直终南山子午谷，北据渭水，东临泸川，西次沣水"。龙首原上树木挺拔，林荫茂密之间隐然有股王气，着实叫人神往。占上一卦，大是吉祥："卜食相土，宜建都邑，定鼎之基永固，无穷之业在斯"。

主意已定，隋文帝连夜找来高颎和苏威，商议迁都大计。按照他心中的设想，都城将无比壮丽宏伟，规模空前。但如此则工程浩大，要调发大批劳役和巨额资金，对于建立不久的帝国并非易事，至于百官庶民能否理解支持，也说不准。君臣仔细策划，筹算通宵，却始终没有作出决定。文帝似乎在等待什么。

第二天清晨，身任门下省通直散骑常侍的术士庾季才叩见，呈上奏文道：

"臣仰观玄象，俯察图记，龟兆允袭，必有迁都。且尧都平阳，舜都冀土，是知帝王居止，世代不同。且汉营此城，经今将八百岁，水皆咸卤，不甚宜人。愿陛下协天人之心，为迁徙之计。"

文帝君臣相顾愕然，半晌，文帝才说道："是何神也！"

庾季才精通天文地理，善于观察形势。当年就是他断定隋代周兴，宜在甲子，结果一切顺利，因此声名大振，跻身门下要职。眼下，内里才刚刚提起迁都话头，他已经在外间从天象找根据，如此不谋而合，能不让人由衷钦服！

况且，从天象找依据的，并不是庾季才一人，秘书省掌管天文的太史也赶来奏报："当有移都之事"。

如此神奇的"巧合"，让文帝感到为难。不同意，天意难违，同意，则耗资巨大。正举棋不定时，德高望重的太师李穆上了一道长长的表文，从天意人望到历史与现实的各个方面，阐述迁都的深刻意义，言

第六章
杨坚对你说创新

219

词恳切，文帝阅后，动情地说："天道聪明，已有征应，太师民望，复抗此请，则可矣"。迁都大计这才慎重地决定了下来。

开皇二年（582年）六月十八日，朝廷正式下诏，命左仆射高颎、将作大匠刘龙、钜鹿郡公贺娄子干和太府少卿高龙叉等人主持营建新都。另外，还任命著名的建筑师宇文恺担任营新都副监。高颎虽总大纲，凡所规画，皆出于恺。举国瞩目的首都营建工程隆重开工了。

到了年底，新都已经初具规模，皇城宫阙超出一丈八尺高的城墙，隐约可见。十二月六日，文帝高兴地命名新都为大兴城。他清楚地记得，自己最初踏上仕途时就是被封为大兴郡公的。"大兴"这封号带给他运气和吉祥，仿佛昭示着天意。所以，他以此命名新都、京县、皇宫大殿以及园池寺院等，希望在他治下，帝国大兴。

翌年三月，新都落成。从开工到完成，前后仅用十个月的时间，真可谓神速。年初，文帝就为即将迁都而兴奋不已，下令大赦天下，让百姓分享喜悦。三月十八日，文帝黄袍常服，率百官隆重迁入新都。

朝廷百官都看呆了眼前这座都城，所到之处，啧啧交赞，惊叹不已。新都东西广十八里一百一十五步，南北长十五里一百七十五步，面积为八十四平方公里强，比明清时代的北京城约大一倍半，仅宫城中心部的大兴宫就比明清紫禁城大五倍，在近代以前，大兴城是人类建造的最大都会。

当初，龙首原上有六条高坡，宇文恺以为这正好像《周易》乾之六爻，"故于九二置宫阙，以当帝之居。九三立百司，以应君子之数。九五贵位，不欲常人居之，故置玄都观、兴善寺以镇之"，这就完全改变了汉代皇宫偏在西南隅的情况，使得宫城与皇城正好坐落于大城正北，奠定皇帝南面统辖百官、君临百姓的布局。而且，皇宫官署尽在高地，龙盘虎踞，居高临下，既控制要点，又充分显示其权威。

大城东、西、南面各开三座遥相对应的大门，纵横交错的道路，把全城划分成整齐的长方形区块。坐在最北面的宫城大兴殿上往南眺望，中央的昭阳门街把皇城分为左右两部分，栉比安置着各级中央官署；穿出皇城，一百五十多米宽的朱雀门街将大城一分为二，东为大兴县，西为长安县，各领五十四坊以及各占两坊地的东、西市。全城南北共置十三列坊，象征一年十二个月再加闰月；皇城之南，东西排四行坊，象征春夏秋冬四季，每行设九坊，表现《周礼》"玉城九逵之制"。整个布局，既巧妙又暗合古礼。

北魏洛阳都城已经出现按城市功能初步进行分区的作法，但是，"自两汉以后，至于晋、齐、梁、陈，并有人家在宫阙之间。隋文帝以为不便于民"，于是在宫城南面创建皇城，安置中央衙署，"不使杂人居止，公私有便，风俗齐肃"，宫城皇城外面，根据高低亲疏的权力关系，布列官僚宅第和寺观，再远的里坊才是百姓的居住区。北面仰望帝居，犹如众星拱极，仔细察看，官署民居各得其所，秩序井然，繁华之中，处处透露森严的等级。从政治角度去构思都城的布局，"实隋文新意也"。

把政治观念贯彻得如此彻底，无所不在，却是人们难以想象的。原来，大兴城最初只设计宫城，然后以宫城的东西之广或南北之长为模数，依次设计出皇城和大城的各个部分。以宫城为基准确定城市各部分的内部关系，尽量把外部的重要区域规划为宫城的相似形。且不去说这种以宫城边长为模数规划城市的设计原理在中国城市建筑史上的创新意

第六章 杨坚对你说创新

221

义，那种以皇帝为天下中心，将皇帝的家推广为国，强调皇权涵盖一切、化生一切的皇权至上的理念，无疑是隋文帝构思新都的灵魂。把中央集权的理念原则化为具体的都市建设，不能不说是一大创举。人们从未见过这般规划齐整、宏伟壮丽的都城，置身于此，眼前是一片片与宫城相似的区块在向前不断延伸，一条条广场般宽阔的大道携高楼大宅滚滚而至，王气浩荡，喷薄而起，让渺小的个人于心灵颤抖中匍匐在地，由衷地感到这才是世界的中心，天子的家乡。

隋文帝营造新都为文武提百官供良好的"工作"环境，为以后的创新改革和发展奠定了基础。

在科技日新月异的今天，只有那些能够不断创新的企业才能生存发展，因此，领导者必须要能够激发员工的创新激情，使他们能全身心投入到企业创新的发展中去，同时，为人才营造一个足以激发创新力的工作环境也十分重要。比尔·盖茨是一个十分重视创新的领导者，他有句名言"只有创造者才能享受办公的乐趣。"为了贯彻他这一理念，尽其所能地为员工提供良好的工作氛围，竭力满足他们对于工作环境的要求，尽可能地使其感到工作愉快，并给予充分的自由，以激发员工创造的灵感。他所营造的环境，在外人眼中看来甚至有点不可思议。

盖茨关于办公室的设计，体现了他自己的想法。而这也正好表达了他对微软企业文化的主题把握。微软提倡的是平等竞争、自由工作的精神，因此，在办公室的设计方面，盖茨也主张平等、自由的风格。

微软公司的每一位员工都有自己的办公室，这些办公房间相互独立，面积大小也差不多，即使比尔·盖茨本人的办公室也没比别人大多少。员工在自己的办公室里拥有绝对的自主权，可以自由装饰和布置房间，也可以放音乐，调整灯光，在墙壁上随意贴自己喜欢的海报。微软的办公室是一个绝对私密的个人空间，没有人会来干预你在这里所做的一切。微软公司充分尊重每个人的隐私权，员工绝不会有时刻被人监督的感受，可以充分享受创造的自由。在这样的环境里，能充分激发员工的灵感，挖掘智慧潜能，因为这里可以帮助他们保持轻松愉快的心情，充分施展自己的才能，而这对员工创造力的提高有很大好处。

微软总部与其说是一家公司，倒不如说是一座大学。这里的30多座建筑都建得比较低，到处都洋溢着一种学术的氛围。公司的年轻员工骑着单车上班，甚至可以一直骑到走廊里。在微软公司各办公楼门前都建有停车场，在这里不管是总裁还是一般员工，都平等地在这里选择车位，只有次序的先后没有职位的高低。公司的资料室也向所有的员工开放，任何人都可以随意去拿他们所需要的办公用品，而不必填表登记，更无需向人申请。

员工可以任意穿着他们认为最舒适的服装上班，短裤还是汗衫都没有问题，有的人甚至光着脚就像在家里一样自由。微软公司的办公大楼地面上铺着地毯，房顶的灯散发出柔和的灯光，在楼道内随处可见用于办公的高脚凳，其目的在于方便员工可以不拘形式地在任何地点进行办公，以便能够及时抓住突然迸发的灵感。在微软的办公大楼内看不到一座钟表，这是考虑到软件开发行业的特点而设计的。因为一旦员工进入了工作状态，就算是时钟的秒针声也会干扰或打断他的思路。

微软公司总部设在西雅图，这是一个阴天多晴天少的城市。因此，只要一出太阳，就算是上班时间，员工们也可以随心所欲地到办公楼外散心，在楼前的草地上坐着或躺着晒太阳，或者弹吉他、唱

歌、打球……公司还会提供免费的饮料。每周五晚上，公司还举行狂欢舞会，以缓解员工的压力和苦闷，消除一周工作的疲劳，并增强企业的凝聚力和向心力，达到相互沟通、增进理解和友谊的目的。

在微软这种"能够充分享受创新乐趣"的环境里，所有的员工都能充分发挥自己的创新能力，他们通过不断设计出领先于其他公司的产品来回报公司的这种付出，为微软的业界地位做出了卓越的努力。

领导要善于创新与改变

作为企业的领导者或是经营者，要想企业创新发展，自己首先就要有创新精神。文帝在军事改革中能在前朝的基础上发展自己的创新能力，从而建立一套新的军事制度。

隋文帝在灭陈统一全国之后，于开皇十年（590年）对军事制度也进行了改革。之所以在这时候改革军事制度，隋文帝是有周到考虑的。因为在此之前要全力准备、加强军事力量，完成统一全国的大业，不便匆忙改革军制，影响统一活动的顺利进行。现在国家统一了，隋文帝则很有必要销兵重农，安定天下。

府兵制度形成于西魏、北周时期，它是北方少数民族部落兵制和汉魏以来汉族征兵制及士兵制在特定历史条件下相融合的产物。

府兵的前身是宇文泰的十二军，它是由原贺拔岳部、李弼部和随从孝武帝元修西入关中的部门宿卫军所组成。十二军的官兵来源，主要来

隋文帝时期的纪年砖

自原六镇（主要是武川镇）的鲜卑军户。六镇军户向往早期部落兵的生活，宇文泰为迎合他们这一心理，将魏晋汉族政权长期以来所实行的军民分籍制度与北魏早期实行的八部大人制度相结合，逐渐地创建出一种新的军事制度即府兵制度。

宇文泰下令部下官兵全部一律改为鲜卑姓，部属和将领同姓。这样一来，主将与部属既是血缘上的宗长，又是部落意义上的酋长。全军被分为六军，用以象征六大部，由宇文泰统领。经过这一改革，军户地位有所提高，助于提高官兵的士气和战斗力；后来出于扩大兵源的需要，宇文泰又在关陇地区"广募关陇豪右，以增军旅"，把关陇地区的豪强地主拥有的部曲和部分乡兵收编过来，使之隶属于六军，魏文帝大统十二年（546年），"初选当州望，统领乡兵"（《周书·郭彦传》），使府兵制越出了部落兵制的范围，开始把乡兵义从纳入府兵系统中。实施的结果是，加强了国家政权对地方豪强武装的控制，体现出"兵农合一"的趋势。大统十六年（550年），宇文泰在六军的基础上，对中央直属军进行重新编组，"籍民之有材力者为府兵"，府兵至此已确立。

关于府兵的编制，据《资治通鉴》记载，由宇文泰任总揆，督中外诸军，下属六个柱国大将军，每个柱国大将军下属二大将军，共十二大将军，每个大将军还各统领开府将军二人，共有24个开府，每开府各领一军。据《北史》所载："每大将督二府，凡二十四员，分团统领，是为二十四军。每一团仅同二人。"又据《周书》记载，府兵中领兵军官有大都督、帅都督和都督等，府兵的基本组织有军团、旅、队等。大都督为一团的长官、帅都督为一旅的长官，都督为一队的长官。当时的府兵以每府2000人计，共为4.8万人。

宇文邕改革府兵制，一是令府兵半月入伍宿卫，半月入京训练，使其成为名副其实的中央宿卫军，削弱了府兵对柱国大将军的隶属关系。加强了皇帝对府兵的控制。二是招募百姓当兵以扩大兵源。受募为府兵的汉族民户变为府兵户，鲜卑部落兵制的形式因此而日趋淡化。

府兵成立之初，军人不负担其他赋税徭役，家属随军聚居。直至周武帝宇文邕时，府兵因多为六镇鲜卑和关陇豪右的部曲，无有农耕习惯，府兵不参加农业生产劳动，"兵"和"农"是分离的。待至周武帝大量扩大府兵兵源，大量均田制度下的农户充当府兵，情况开始发生变化：这些新加入府兵行列的府兵，虽已编入军籍，但家属却没有集中到军坊中，仍在家乡从事农业生产劳动。因此，按府兵所在地区而划分的军府便应运而生。作战或执勤时，军士入营执行任务；无作战或执勤任务时，则分住于本乡，组成乡团，由军府所属的团主管理。从此，府兵平时参加农业生产劳动，农闲进行军事训练，战时执行作战任务，基本上完成了由兵农分离至兵农合一的转变。

由兵农分离转向兵农合一，是由隋文帝最终完成的。开皇十年（公元590年）五月乙未日，隋文帝下达诏书说：

魏末丧乱，宇县瓜分，役车岁动，未遑休息。兵士军人，权置坊府，南征北伐，居处无定。家无完堵。地无包桑，恒为流寓之人，竟无乡里之号。朕甚闵之。凡是军人，可悉属州县，垦田籍帐，一与民同。军府统领，宜依旧式。罢山东、河南及北方缘边之地新置军府。

这道诏书，回顾了自西魏、北周实行府兵制以来的历史背景，并在新的历史条件下，以诏令的形式对府兵制进行改革，令府兵军士的"垦田籍帐，一与民同"，使府兵与农民同属府于州县，最终从法律上变兵民分治为兵民结合，最终地完成了兵农合一，使府兵制与均田制最终结合起来，成为均田制度下的军事制度。

在府兵的统率方面，隋文帝沿用魏、周的十二大将军之遗制，以十二卫即左、右卫，左、右武卫，左、右武侯，左、右领左右，左、右监门，左、右领军等为中央管军事管理机关。每卫统领一军，设大将军一人、将军二人，下辖骠骑府、车骑府。分设骠骑将军，车骑将军；再下为大都督、帅都督、都督，形成了统一的指挥管理系统：十二卫大将军为府兵的最高将领，皆直接隶属于皇帝。

十二卫大将军的统一指挥管理系统虽然是从西魏、北周的十二大将军之制演变而来，但又有重大的改革：

一是将各种类型的禁兵纳入十二卫系统，通称"禁卫兵"，从而与西魏、北周时期府兵、禁军的自成体系有所不同。

二是把北周时掌握军队实权的上柱国、柱国等职务变为荣誉称号并授予对国家有功勋的人，实际上是剥夺了他们对军队的统率权力，从而十二卫的统御权完全由皇帝直接掌握。

三是通过使十二卫大将军、将军以及骠骑将军、车骑将军在编制数

第六章

杨坚对你说创新

额上比北周增多的办法，使其品位普遍降低二三级。以削弱、分散将军的权力。

除十二卫之外，还设置东宫十率（左右卫率、左右宗卫率、左右虞侯率、左右内率、左右监门率），用作太子的典兵机构。

关于十二卫的主要职责，左右卫是诸卫兵马的统领机关，掌管披禁御，督设仗卫；左右武卫领外军宿卫，在大朝会时穿白色衣甲，手持长戈、盾牌和旗帜战列两厢，按照规定呼唱，以壮声威；左右武侯负责皇帝护从，掌车驾出，先驱后殿，昼夜巡察，执捕奸非，烽候道路，水草所置，如巡狩师田则掌其营禁；左右领左右负责侍卫左右，供御兵仗；左右监门负责宫廷门禁、警卫；左右领军各掌十二军籍帐、差科、辞讼之事。

平时，十二卫实际上负担宿卫和征战双重任务，宿卫又有内卫和外卫之分。担任内卫任务的将士统称内军，担任外卫任务的将士则统称外军。在府兵中，只有少数将士充任内卫，大多数将士分属于外卫，军人统称为侍官。

战时，由皇帝临时任命行军元帅或行军总管担任最高指挥官。并组成相应的机构，实行统一指挥。如遇大规模的军事行动，例如南下灭陈，因战区范围过大，便分别任命杨广、杨俊、杨素并为行军元帅，由杨广实行统一指挥，下辖90名总管。在对突厥的战争中，李晃被任命为行军总管；进攻吐谷浑时，梁远行被任命为行军总管。这种在"总管"前加"行军"二字的做法，意为战时指挥官，战事结束后自动罢除，与平时各区域的总管并不相同。

隋文帝对府兵制度的改革，使府兵制与均田制紧密地结合起来，落实了兵农合一，使隋王朝的武装力量得以加强，并且实现了军事统率权集中于皇帝一人，中央集权因此而得到进一步加强。

隋文帝正是在前朝府兵制度的基础上提高自己的创新力，以致对隋朝府兵制进行创新改革。并为唐代所继承，唐朝的中央官署南衙，便是基本上沿袭隋朝的府兵管理体制而使之更趋于完善。承前启后的隋朝府兵制度，在中国军事史占有重要的地位，对后世有着深远的影响。

拿破仑认为，创新力可以统治整个世界。领导者必须不断开发自己的创新能力，让创新成为自己在企业管理中的智慧源泉和工作动力，成就一番事业。

世界是不断发展变化的，企业需要不断创新、变革来适应这种变化，领导人也是一样，如果不能主动求变，持续地变化，必然会被世界的变化大潮所淹没，在竞争中出局。领导者持续的创新精神，能够使自己和企业表现出高度的自信，制定出大胆的愿景目标，采取有胆识、有魄力的创新行动，甚至违背企业界的流行做法和谨慎战略，从内部推动企业的不断革新，不断前进，不断改变公司的发展状况，在竞争中获胜。

企业的发展应该是不断创新的过程，因为环境在不断变化，领导者以及企业就需要不断地创新。这世界上唯一不变的就是变化，领导者只有让自己不断求变，不断发展，才能适应这个变化极为迅速的世界。创新是永无止境的，任何领导者都不能奢望通过一次创新，就可以一劳永逸地享受创新的成果，只有持续不断地进行大胆尝试和创新，才能保持企业的市场竞争力，不断向前发展。

遵循规律，别盲目创新

创新不等于盲目尝试，而是要遵循规律。当代著名企业家李开复说过："创新并不重要，有用的创新才重要"。一个很有哲理性的寓言：一个猎物被抓住了，狮子还没有吃，狐狸如果想吃就得考虑：狮子为什么不吃？是肚子不饿，不合胃口，猎物太小不屑一吃，还是这个猎物有毒，根本就不能吃？如果是狮子嫌猎物太小不屑一吃，狐狸才可以上去饱食一顿，否则，后果只能是被毒死或被狮子吃掉。这个小小的寓言，不正寓意着如果盲目行事就是自掘坟墓吗？

隋文帝杨坚在货币改革和创新中可以说做到了遵循规律，量力而为。

始皇横扫六国，第一次完成了货币与度量衡的统一，汉武帝再接再厉，对货币与度量衡进行了第二次改革，促进了经济的飞速发展。然而至东汉后，神州大地哗然大变，四分五裂，魏晋南北朝的动荡，使得政权迭立，群雄并起，结果各地的货币与度量衡极为混乱，严重阻碍了各地经济的交流，对此，隋文帝又进行了一番改革。

关于隋建国之初的货币与度量衡混乱情况，史书记载说前朝北周、北齐货币有四等，重量不一，民间私钱，种类繁多，皆无所依。比如关东地区所流通的常平钱，关中地区所施用的五行大布、永通万国等币种，不仅在形制、轻重上极不统一，而且劣质钱币数量很多。

导致这种情况产生的原因则是分裂使得各自为政的王国为了保护本国经济，便依照国内的经济情况制定自己的货币与度量衡的规制，同时也便于本国国民的使用。当然，这种情况在分裂的南北朝时期，的确对经济起到了保护和促进作用。但对于天下一统，追求太平盛世的隋文帝来说，却是难以容忍的，这不仅有碍于隋朝的经济发展，更不利于他实现自己心目中的政治蓝图，于是隋朝的货币与度量衡改革便开始了。

据史载，改革首先是从货币开始的。文帝即位后，便于开皇元年（公元581年）诏令重铸五铢钱，每1000重4斤2两，并下令悉禁古钱及私钱，又"禁行恶钱"，"自是钱币始一，民间便之"。所谓五铢钱，即是说每枚铜钱重五铢，这种五铢钱"背面肉好，皆有周郭，文曰五铢，而重如其文。每钱一千，重四斤二两。"这里的"肉"指钱币的周边，而"好"指钱币的方孔。"肉"与"好"的正反面有凸出的圆郭和方郭以防磨损毁坏，同时上边铸有"五"、"铢"字样，表示这枚钱的实际重量。这种新的币种经过印铸出炉后，文帝审阅认为可用，乃于开皇三年（公元583年）颁诏令"四面诸关，各付百钱为样，从关外来，勘样相似，然后得过。样不同者，即坏以为铜入官。"事隔两年后，文帝下令"又严其制，自是钱货始一，所在流布，百姓便之"。开皇九年（公元589年）灭陈后，铸钱的规模更大了，当时在扬州设5炉，鄂州（今武昌）设5炉，铸出了大量的五铢钱流通于市。至此，隋朝的货币经过改制后便趋于统一了。

与此同时，统一度量衡的工作也在紧锣密鼓中进行着。度量衡与货币的情况基本一样，也是各种形制、规格通行于市，混乱不堪。为此文帝下令统一度量衡制，并在度、量、衡三个方面分别给予了规定。对此《隋书·律历上》记载道："开皇以古斗三升为一升"；"开皇以古秤三斤为一斤"。文帝诏令颁布后，当时的冀州刺史赵煚便制作了一个样品，即铜斗铁尺，在民间进行了试运行，结果普遍得到百姓好评，纷纷称十分便利。文帝闻知后非常高兴，史称"闻而嘉焉，颁告天下，以为常法"，即是说将赵煚发明的这种度量衡器具作为了隋朝统一的标准度量器具，这样，度量衡也得到了统一。

隋文帝在货币创新改革中，没有盲目尝试，而是遵循规律，不仅适应了中国南北统一后经济发展和政治统一的需要，而且对后世货币与度量衡的发展也有深远影响，盛唐的此种制度，亦多沿袭隋制。

如今社会，创新就是做别人没有做过的事，走别人没有走过的路，敢于打破思维定式，开辟新市场，新领域。在这大千世界里，形形色色的人中不乏泛泛之辈，当人们惊羡他们现时的成就时，更应该看到他们成功背后的创新。那么，我们要怎样才能做到创新呢？

首先，创新需要有超前意识。有人说过："只有先声夺人，出奇制胜，不断创新新的体制，新的产品，新的市场和压倒竞争对手的新形势，企业才能立于不败之地。"其实，不仅在企业中，在生活中，在日常身边的小事中，这句话也同样有道理。

在美国诺伊州的哈佛镇，有些孩子经常利用课余时间到火车上卖爆米花。一个10岁的小男孩也加入了这一行列，他除了可在火车上叫卖外，还在爆米花中掺入奶油和盐，从而使味道更加可口。当然，他的爆米花比其他任何一个小孩都卖得好——因为他懂得如何比别人做的更好。这个男孩就是摩托罗拉公司的缔造者保罗·高尔文。他的成功秘诀不正是在别人面前抢占了先机吗？他的创新精神不正是他成功的前提吗？所以创新需要有超前意识。

其次，创新需要模仿与改良。创新需要模仿不等于完全照搬照抄，而是根据前人的经验，通过改良，通过自己的思考来改进。所以说，创新不能完全抛弃传统，要有所扬弃，有所继承。中国最年轻的全国性寿险公司带头人陈东升关于创新说过："很多人把违背规律，按照自己的意志行事标榜为创新，结果是头破血流，这种案例太多了，所以我觉得还不如老老实实照葫芦画瓢。"他的这番话正是根据自己的成功之路总结出来的。当初他是一个怀揣着武汉大学经济学博士文凭的普通人，尽管嘉德拍卖三年的创业历程已经使他从一个学者成功转型为一个商人，但1996年他站在保险业的大门口，陈东升还只是一个没有任何实践经验的学生，因此他决定把国外保险巨头多年积累的先进做法先照搬过来，几年时间里，陈东升先后走访了21个世界顶级的跨国保险金融集团。大到公司架构，营销模式，小到公司的装修风格，服务设施等，都被陈东升从国外带了回来。模仿让泰康站在了高的起点上，也让陈东升站在了中国保险业的制高点，所以有时候，创新是站在前人的肩膀上前进一小步，这一小步就是你的改良，你的创新，你的特点。

所以说，创新并不简单，但有两点是至关重要的：一是不要囿于别人的成就，二是不能怕犯错误。在现在这样弱肉强食的社会中，只有想在人先，做在人前，以变应变，一物降一物才能掌握先机。

创新要有独特的思路

创新贵在新，贵在与众不同，文帝杨坚在官吏改革方面就比较有自己独特的风格。在官吏选举制度方面，杨坚也进行了改革。从汉代开始，朝廷选拔官吏实行"察举"、"征辟"制。所谓征辟，就是从中央到地方的各级行政长官，都可以自己任命、提拔掾属。察举，是对各级长官所推举的人才进行考核，合格后任官。察举主要有两种形式。一种形式叫岁举，由刺史、郡守等地方行政长官察举孝廉和秀才等，一年一次；另一种形式叫诏举，即皇帝下诏对所推举的人进行考核。考核的科目有贤良方正、文学等。这种"征辟"、"察举"制度在东汉以后发生了变化。之所以会发生变化，一是这种制度所暴露的弊病越来越明显。选人举才，全凭地方长官的个人意志，没有旁人的监督与评定。如果举人者昏庸无能，或受别人贿赂，所举之人的才德即可想而知。东汉末期，社会上曾流传这样一句话："举秀才，不知书。察孝廉，父别居。寒素清白浊如泥，高第良将怯如鸡"。名为秀才，却看不懂书；名为孝廉，却不奉养父母，这种选举制度确实弊病很多。另一个原因是东汉末社会动乱，无论士人还是庶民都背井离乡，辗转流徙，使得察举、征辟难以实行。所以三国曹魏时，实行一种叫"九品中正制"的选举制度。这种制度的具体做法是，用州郡中有名望的人作大中正、中正。各州的大中正及郡中正依据所管区内人物的品行，将他们分为上上、上中、上下、中上、中中、中下、下上、下中、下下9等，举荐给国家铨选官吏的机构吏部，吏部根据中正们的意见对他们加以任用。因为担任各级中正的人都是州、郡中有威信和名望的人，他们品评人才的标准及眼光比东汉末的昏官贪官要长远、要公正，所以初期所举人才具有一定才能。但由于这些大小中正取著姓士族来担任，所以必然要导致选举权被士家大族操纵的结果。两晋时期，出现的"上品无寒门，下品无势族"的现象，正说明了士家大族在封建国家官僚体制中的垄断地位。

杨坚建立隋朝后，废除了魏晋南北朝时期的九品中正制。隋朝建立以前，北周、北齐的州郡县长官可以提拔自己的属官，协助治理当地政事。隋文帝开皇三年（583年），这些自行提拔的属官全都改称为乡官，不入官品，不理政事。另外设置品官，全都由中央政府的吏部任命。开皇十五年，（595年）杨坚又下令免掉州县的乡官。据《通典·选举典》记载：

隋文帝开皇七年，制诸州岁贡三人，工商不得入仕。开皇十八年，又诏京官五品以上及总管刺史，并以志行修谨、清平干济二科举人。牛弘为吏部尚书，高构为侍郎，选举先德行次文才，最为称职。当时之制，尚书举其大者，侍郎铨其小者，则六品以下官吏成吏部所掌。自是海内一命以上之官州郡无复辟署矣。

《通典》这段记载，说明了隋代选举官吏的两个特点：第一，各级地方官的属官全由朝廷委任，传统的辟举制度被彻底废除。第二，杨坚选人初步实行开科举人的科举制。从九品中正制到科举制，是选官举人制度的重大变革。杨坚正是这种转变的策划者。但科举制的完善是一个很长的过程，而杨坚行科举制正处于这种转变的开始，因此是很不成

熟的。这表现在开设的举人科目上。秀才之科，汉代已有，自不必言。《通典》所列志行修谨、清平干济二科，显然不是成熟的科举制所设的科目。《旧唐书·韦云起传》记载："云起，隋开皇中明经举，授符玺直长。"可见杨坚时已有明经之科。杨坚所行的科举制，其科目有的继承于前代，有的仅见于开皇时期，有的成为后世科举中的正式科目。但无论如何，科举制度毕竟是一种新的选人制度，它虽仍然有利于拥有传统文化优势的士家大族，但也向寒门地主敞开了入仕之门。这个制度被直至清末的历代统治者所继承发展，成为千余年间我国封建统治者选拔官吏的根本制度。

隋文帝杨坚在管理制度创新改革方面，敢于废除旧制，形成自己独特的思路。组织领导者要不断转换脑筋，要敢于超越常规思维。求异也就是求其反常、非常，创新也要求有反常、非常的起点，一般人只注意常，而杰出的思想家、科学家则注意非常。

领导者要敢于批判那些先入为主的观念，人为引起观念与看法的改变。因为在同类观念中先入为主的思维，产生了立异图新的强大阻力，如果要想有创新思维，就必须努力排除这种障碍。对于符合组织发展的事物要坚决支持，而对于不利于组织发展的事物要毫不留情地取缔。

对于一个管理者而言，努力使自己适应管理环境的要求，有利于管理中变革原则的遵循，也有利于管理工作的高效率进行。

之所以这样说，原因有以下几个方面：

首先，变革是当今时代发展的主流。

因为变革带来更新，它重塑组织，挽救企业，创建工厂，改变工作的性质，为进步的引擎加助燃料。为了不断发展，管理者应当始终坚持不断地变革。在变革中，找到一些行之有效的管理原则。

因此，实效的变革原则是：变革管理就是展望组织大致的未来目标，并制定达到目标的措施。如果环境条件是稳定的和可预见的，那就比较顺利。但是，大多数高度竞争环境的变化是充满了不连续性和出乎意料的。因此，对于一位领导者来说，采取"爬上一座山，看两眼，便带几块石头返回"的策略，简直于事无补。现实世界中，恰恰存在高度的易变性，没有持久的稳定优势。更为重要的是，所需要制定的纲要，应当是当机会出现时能够灵活地部署力量，并能在任何条件下参与竞争。

其次，良好的管理变革是建立在良好的详细分析基础之上的。

很多管理变革专家想预先将他们的美好设想形成方案，但"缺乏分析"的危险是存在的。世界著名企业的首席执行官们一般认为80：20的规律可应用于大多数情况，就是说，激进变革活动80％的利益得自于20％的分析。

最后，变革中不要忽视员工因素。

如果没有给员工带来任何利益，他们会抵制变革，变革活动不考虑员工情绪，忽视职工的痛苦和既得利益，一意孤行，就注定要失败。事实上，许多变革的领导者已经学会了尊重员工，并使他们能够理解所发生的变革，即使是当他们不能从变革中受益时，他们也会理解。激进变革活动能否被大家所接受，取决于组织中面临这个事实的每一个人都能以坦荡的胸怀对待变革，无论得到的是好消息还是坏消息。

第六章

杨坚对你说创新

创新要有远见

国以民为本，民以食为天。农业兴，才能让天下百姓安定。兴农才能固本，杨坚认为想要国家富裕、子民安康，农业是最基本的保障，以至于加紧实施各项兴农措施的创新改革，可见文帝有十分长远的创新发展观，对未来的发展有着超强的见识。

首先，他在全国加紧推行均田制。均田制开始实行于北魏。魏孝文帝初期，水旱连年成灾，百姓被饥饿所困，四处流散。豪强们乘机兼并土地。主客给事中李安世描写当时土地不均的情况说："窃见州郡之民，或因年俭流移，弃卖田宅，漂居异乡，事涉数世。三长既立，始返旧墟，庐井荒毁，桑榆改植。事已历远，易生假冒。强宗豪族，肆其侵凌，远认魏晋之家，近引亲旧之验。又年载稍久，乡老所惑，群证虽多，莫可取据。各附亲知，互有长短，两证徒具，听者犹疑，争讼迁延，连纪不判。良畴委而不开，柔桑枯而不采，侥幸之徒兴，繁多之狱作。欲令家丰岁储，人给资用，其可得乎！"因此，李安世建议：重新均量土地，根据劳力配置相应的土地，使"细民获资生之利，豪右靡余地之盈"。有争议的田地，"宜限年断，事久难明，悉属今主"。魏孝文帝根据这个建议，于太和九年（485年）十月，下诏实行均田制。

北魏均田制规定：男子年15岁以上，给不栽树的露田40亩；女子给露田20亩。若有奴婢，依照良人授田。若有耕牛，每头牛给田30亩，但只限于4头牛的田数。这种露田只给劳动者耕种，劳动者年迈或是逝世，要将田还给国家。另外，每个成年男子给桑田20亩，这种桑田可世代继承，死后不归还国家，也不得买卖。但要在三年之内在田上种桑树50棵、枣树5棵、榆树3棵。若3年内种不足，则将桑田收回。不适于栽桑养蚕的地区，男子给麻田10亩，妇人给5亩，男子另加1亩以种榆、枣等树。麻田和桑田不同，耕种者死后，田地要退还国家，不得继承。原来有宅基地的，不再分配宅田，若移居新址之人，3口给宅田1亩，以为居室。

北魏实行这个制度，使农民重新得到部分土地，游离的劳动力重新与土地结合起来，这对恢复北方的农业生产起了一定的积极作用。但北魏的均田制实行的不是很彻底，在有些地方，特别是六镇地区并没有实行均田制。即使在实行均田制的地方，地主豪强的大土地制仍在继续发展，买卖土地，甚至抢夺百姓土地的事时有发生，可见北魏均田制对恢复农业生产的积极作用是有限的。到北魏末期，由于社会动荡，均田制被彻底破坏，这点有限的积极作用也不复存在。

北魏灭亡后，北齐、北周分别继续实行均田制。

北齐河清三年（564年）下令：每个成年男子给露田80亩，妇女给40亩。奴婢比照良人给田。耕牛一头给田60亩，限止4牛。另外每个男丁给永业田20亩。永业田不还给国家，此外的田地都按规定退还。同时还规定了给田奴婢的数额：亲王300人，嗣王200人，第二品嗣王以下及庶姓王150人，正三品以上及皇宗100人，七品以上官80人，八品以下官至庶人60人。这个均田制度，显然对官僚富人有利。仅以一个八品以下的

小官为例，如果他有60个奴婢，4头耕牛，就可以分到3840亩土地。所以宋孝王《关东风俗传》说：在北齐，"河渚山泽，有司耕垦，肥饶之处，悉是豪势，或借或请，编户之人，不得一垄。""其时强弱相凌，恃势侵夺，富有连畛亘陌，贫无立锥之地"，正说明北齐均田制是多么不彻底。

西魏、北周的均田制规定：已娶妻者，给田140亩，未娶者给田100亩。另外，10口以上人家给宅田5亩，9口以下给宅田4亩，5口以下给宅田3亩。18岁成丁受田，64岁年老还田。但由于关中地区地少人多，有资料表明，当时普遍存在受田不足额的现象。

杨坚登帝位后，立即重新颁布了均田法。规定男丁受露田、永业田皆遵北齐之制，园宅3口人给1亩，奴婢则5口人给1亩。官吏受田，自诸王以下至于都督，皆给不同数量的永业田，多者100顷，少者40亩。此外又给职分田，一品官给田5顷，以下每品减少50亩，至九品为1顷。外官也给职分田。此外还有公廨田，以充公用。开皇十二年（592年），在统一南北三年后，杨坚又派使四出。均天下之田，把均田制在全国推行。当然，隋文帝的均田与前代没有什么本质区别，杨坚实行均田，同样是照顾了大地主阶级的利益。但杨坚实行均田，在当时至少起了两个作用：第一，均田令关于受田数额的规定，是对诸色人等占田的最高限额，这种限额对地主贵族的土地兼并多少有些限制作用。第二，杨坚所行的均田与赋税紧密结合。北周的租调相当重，均田户每户纳调麻10斤；田租因户受田140亩，纳粟也增至5斛。如前所述，均田户尽管规定给田140亩，但实际给田往往不足额，而田租并不因为授田数额不足而有所削减。杨坚所行均田规定，均田户交租粟3斛，并明文规定未受地者不课租调。农民的租调负担确实有了很大程度的减轻。

不容否认的是，隋文帝为推行均田法令，确实多次派使臣四出，有些地方官员也为推行均田而敢于执法，因而均田法令的推行，在一定程度上限制了大官僚、大地主对于土地的兼并，使农民获得了多少不等的耕地，开垦荒地的数量亦有所增加，全国耕地面积的总数也随之增加不少。据《通典》卷二《田制》下记载："开皇九年，任垦田千九百四十万四千一百七十六顷。……至大业中，天下垦田五千五百八十五万四千四十顷。"这个数字可能不准确，但耕地面积大增则是不容否认的事实。农民在均田法令下获得多少不等的耕地。在天下安定的局势下，农民生产的积极性有了很大的提高。《隋书·地理志》曾谈到全国不同地区人民"勤于稼穑"、"好尚稼穑"、"务在农桑"、"重在农桑"、"勤稼穑"、"务于农事"的风尚，从一个侧面反映了广大农民在均田法令下勤于农业生产的热情。总之，均田法令在隋初的施行，对以后农业经济的繁荣发展起到了积极的作用。

从文帝的改革我们不难看出，作为领导者要经常问一问自己，你想要得到什么？把"我想要成就什么事？"一条条列出来。针对每一项，扪心自问："我怎样才能实现它？"要一直不断问自己，直到找到答案为止。借着这个练习，可帮助你弄清远景：我需要什么样的未来？

我如何改变自己或公司？

生命中有什么任务令我产生激情？

我对工作有何梦想？

我对公司、代理商或客户，具有什么样的特殊角色或技术？

我最强烈的热情是什么？

第六章
杨坚对你说创新

什么样的工作令我觉得快乐而着迷？假如十年后我依旧全神贯注，会发生什么事？

我理想中的公司，应该是什么模样？

心理学家指出：想象会激发出期待的心理，如果你曾经想象你未来有着新的人生，你的信念和欲望将会表现在生活态度上。

事实上，你对未来做好了准备，并与你生活的态度一致，你未来的成功人生就能依照你预期的计划进行，并塑造成你想象的人生。

未来的变化是不可避免的。这对今天的领导者们而言，他们必须要有洞察未来的睿智，要有长远目光，着眼于长远利益，而不要只顾眼前。

一些公司的领导感到领导变革的风险太大，他们学会了通过对企业组织进行调整，使企业沿着他人开出的道路前进。这样，他们也能侥幸地避免可能会导致灭亡的挑战和不确定性。但是，这些公司的领导人只是追随者。虽然他们一成不变，企业也许就会生存下去，但是，他们永远无法掌握自己的命运。

具有长远目光的领导者们是决不甘于步入后尘的。他们所想的是创造自己的前途和预测未来可能的发展方向，而毫不犹豫地开始在新的征途上披荆斩棘。这样的领导经常鼓励他的员工对传统思想进行挑战，尽可能地改变本企业组织，以取得持续不断的创新和进步。这些领导考虑的不仅仅是生存，他们更多规划的是如何发展，并以未来为导向领导潮流。它们是规则的制定者，其他公司则是跟从者。

显然，多思考未来，并以长远利益为出发点，才能看清方向，把握商机。企业家能否引领企业胜利远航，关键在于其是否能够把握市场发展趋势，看清前进方向，超前对商场变化的走势、进程和结果做出正确的判断，从而趋利避害，抢占商机，掌握竞争的主动权。而要做到这一点，领导者们就要不断经营未来，练就战略眼光，善于高瞻远瞩，审时度势，从而"运筹帷幄之中，决胜商界之上"。

综上所述，面对不断变化的市场，必须经常去思考未来、经营未来，以未来为导向把焦点对准。只有这样，你才能成为市场竞争的最大赢家。

变是不变的真理

穷则变，变则通，通则久。创新，就是变革，不创新，不变革，就不可能发展，历史在前进，变是永远不变的真理，而创新正是变的精髓。我们不妨一起来看一下杨坚是怎样实践这一真理的。

杨坚废除六官制度，在中央行政机构中实行"三省六部"制。三省即尚书省、中书省、门下省。六部即尚书省下设的吏部、礼部、兵部、都官部、度支部、工部。

尚书省的前身是秦、汉时的尚书署，隶属于九卿中的少府，专门掌管收发皇帝诏命及臣下奏章。东汉时，尚书署被改称尚书台，职权较秦、汉时有所扩大。各级官府的奏章全都呈送到尚书台，由它拆阅、判定、记录、转呈、代奏。它负责将皇帝的命令拟成诏旨，直接发给三公九卿。还负责官吏的选举、任免、考课等，同时还兼管国家的刑狱。此

时的尚书台，名义上虽仍属少府，实际上已成为管理国家行政事务的行政中枢机关。到了曹魏、两晋时，尚书台又被改为尚书省。这时的尚书省，组织机构已逐渐完备，尚书令、左右仆射为尚书省最高行政长官，总领省务，参议国政。尚书又下列各曹，而且各有分工，分别掌管国家的官吏任免、军事、财政、民户、礼仪、国家工程等事务。但此时的统治者为了防止尚书省权力过重，便将纳臣下奏章、代皇帝批诏令的权力转移到中书省。到东晋、南朝宋、齐时，尚书省的权力又有所加重，所以南朝梁、陈，又开始加重中书省的权力，以限制尚书省的权力。在北朝，北魏初即仿晋制设尚书省，到魏孝文帝改制后，尚书省已成为全国的行政中枢机构。

中书省是三国时期魏文帝初年所设置的宫廷政治机构。它虽不是朝官，但权力极重。它的设立，起初主要是为了削弱尚书省的权力，使权力趋于均衡，从而使皇帝能够更好地控制政权。它主要负责为皇帝拟诏，代皇帝发令，替皇帝接纳裁决臣下奏章等事务。在西晋时，皇帝的机密诏令，甚至可以不经尚书省，直接发到州郡。由于中书省的权力超过了尚书省，到东晋时，纳奏、拟诏、出令等职权又被皇帝转给门下省，中书省的长官中书监、中书令皆变为闲职。到南朝时，中书省的中书通事舍人权力逐渐加重，由他们组成的舍人省，名义上是宫廷官职机构，实际上已成为国家的政务中枢。

门下省在魏、晋、南朝初期是门下诸省的泛称。东汉时，宫中有侍中寺，是门下三寺之一。三国曹魏、两晋时，宫中黄门下设侍中省和散骑省，东晋时又增设西省，于是便开始被泛称"门下三省"。此时，门下三省的权力已明显加重，它代替了中书省行使纳奏、拟诏、出令的职权。南朝刘宋时，门下的散骑省被改称集书省，主管图书文翰，权力被减轻。南朝萧齐、梁、陈时，门下省又专指寺中省，其职责除领内侍诸署、侍奉皇帝生活起居、侍从左右傧相威仪、顾问应对等以外，还兼管纳奏、封还、出令、驳奏，同时又负责审核中书省所拟皇帝草诏，上呈臣僚奏事，下传皇帝旨意。如有密奏、密诏，可不经中书省、尚书省，直接封转颁行。到北朝、北魏末、北齐时，门下省权力已极重，当时对门下省有"政归门下"的说法。

可见，中书、门下、尚书三省在魏晋南北朝时，已初具规模，而且都具有重要的地位。虽然它们的权力地位有过变化，但中书制定诏令、门下评议国政、尚书具体执行的职能已大体确定了下来。

杨坚正是参酌这些变化，在中央确立了"三省六部"制。不同的是，杨坚为避其父杨忠的名讳，而将中书省改名为内史省，将侍中改为纳言。另外，除三省六部外，杨坚还设立御史台、都永台和九寺（其中包括太常寺、光禄寺和宗正寺等），以及国子寺和监察国家工程和生产的机构。这些官署的主要官员都有规定的称号和各级属员人数，对每个官署任职官吏所必需的官品也做了具体规定。

杨坚建立的"三省六部"制机构，是一个庞大的、权力比较集中的组织机构。在这个机构中，缺少汉代官僚机器中一个最高级的关键位置——丞相。而实际上，杨坚本人就担任着这个角色。

对杨坚刚刚建立的隋王朝来说，真正的问题在于吸收新的精英，吸收充实各级官署、分担隋王朝面临的重大任务和与隋共命运的人。在吸收官员的过程中，新的政体必须考虑到各种各样性质不同的因素。地方利益和地区对立在长期的分裂和战乱之后非常牢固。有牢固地位的豪门

第六章 杨坚对你说创新

大族往往代表他们自己的和本地区的根本利益。因此在文官政府和长期占支配地位的军人两者之间必须掌握好某种平衡，汉族和鲜卑之间的裂痕在其他一切有冲突的利益集团之间普遍存在——他们之间的矛盾由于长期通婚和制度汉化而逐渐缓和，但仍潜伏的紧张状态随时都可能爆发成对抗战争。最后，杨坚还考虑到，在有政治经验的人中还存在忠诚的问题。有的人在北周胜利前曾在北齐任职，因此，被任用者对隋的忠诚程度如何？所有这些都常常困扰着杨坚。

因此，杨坚决定不设丞相这个职位，他宁愿亲自与三省的高级官员讨论政务。

帮助杨坚夺权或在很早就拥护他的核心集团成员不但参与隋王朝政策和制度的制定，而且是吸收广大行政精英的积极代表。这个集团的形成以高颎、杨素、苏威和李德林为核心成员。所有的成员都是三省的高级官员，都有资格参加廷议和商讨重大国事的会议。这一核心集团主要由精于骑射和重武的人、有才能的将领和经验丰富的行政长官组合而成。他们中大多数人的儒家学识是粗浅的，其中只有李德林是个例外，他来自东部平原，受过正规的汉文化和历史的教育。

对于中央政府中的其他官员，杨坚从一执政开始，就决心集权，这一政策毫无保留地表现在他设立的权力机构中。对五品以上官员的任命，由朝臣先选出候选人向杨坚推荐，如果得到杨坚的批准，就下诏书任命。以这种方式选用的官员在整个王朝的上层——三省、六部、御史台和九寺等机构任职，各部属员则由吏部选定。当时，吏部为任命六品以下一般官员的主要机构，因而吏部的尚书和侍郎是王朝中很有权势的人。

"三省六部"制的实行，使三省之间相互牵制，一方面体现了决策程序的合理性，另一方面也有利于皇帝控制操纵，便于皇权的加强。同时，"三省六部"制的实行，对隋以后所有封建王朝的官僚政治制度起到了一锤定音的效果。

　　如今的企业创新主要是产品创新与管理制度创新。产品创新以技术创新为突破口，不断产生新工艺、新材料、新产品，是相对高风险的创新。管理制度创新包括建立组织关系，组建团队、鼓舞团队、支持团队，制定市场策略，推出新产品的制度等许多方面。企业需要产品创新，同时更需要管理制度创新。

　　梦想成就创新，创新实现梦想。我们在落实科学发展观、全面建设小康社会的征途上，创新已经成为一面旗帜，在经济全球化和高新产业革命发展的今天，自主创新已经成为推动企业再次腾飞的一个重要引擎。面对竞争日益剧烈，众多企业缺乏核心技术而不得不束之于人的现状，自主创新已经成为决定企业未来发展和竞争成败的关键所在。总之，推进自主创新不仅是企业持续、健康、快速发展的基础，而且是企业实现新飞跃的基点。

第六章
杨坚对你说创新